如何科学地帮助孩子学习

每个父母都应知道的77项教育知识

A Parent's Guide to The Science of Learning

77 Studies That Every Parent Needs to Know

[英] 爱德华·沃森 Edward Watson 布拉德利·布什 Bradley Busch 著

滕梅芳 盛骢 袁博 译 盛群力 审校

中国青年出版社
CHINA YOUTH PRESS

图书在版编目（CIP）数据

如何科学地帮助孩子学习：每个父母都应知道的77项教育知识 /
（英）爱德华·沃森，（英）布拉德利·布什著；滕梅芳，盛骢，袁博译.
—北京：中国青年出版社，2023.1
书名原文：A Parent's Guide to The Science of Learning: 77 Studies That Every Parent Needs to Know
ISBN 978-7-5153-6809-2

Ⅰ.①如… Ⅱ.①爱…②布…③滕…④盛…⑤袁…
Ⅲ.①学习方法—家庭教育 Ⅳ.①G791②G78
中国版本图书馆CIP数据核字（2022）第200509号

如何科学地帮助孩子学习：
每个父母都应知道的77项教育知识

作　　者：[英]爱德华·沃森　布拉德利·布什
译　　者：滕梅芳　盛骢　袁博
审　　校：盛群力
责任编辑：肖　佳
文字编辑：步欣旻
美术编辑：张　艳
出　　版：中国青年出版社
发　　行：北京中青文文化传媒有限公司
电　　话：010-65511272 / 65516873
公司网址：www.cyb.com.cn
购书网址：zqwts.tmall.com
印　　刷：大厂回族自治县益利印刷有限公司
版　　次：2023年1月第1版
印　　次：2023年1月第1次印刷
开　　本：787×1092　1/16
字　　数：191千字
印　　张：11.5
京权图字：01-2022-2786
书　　号：ISBN 978-7-5153-6809-2
定　　价：59.00元

目 录

如
何
科
学
地
帮
助
孩
子
学
习

导　论

　　为了支持每个父母尽可能有效且高效地帮助孩子学习,《如何科学地帮助孩子学习》将77项最重要、最具影响力的关于学生学习的研究转换为易于理解的概述。本书将提升父母对至关重要的心理学研究成果的理解,以便他们能帮助孩子改善在学校(以及在生活中)思考问题、表达情感和付诸行动的方式。

　　本书针对每一项研究总结了关键发现,并提供了相应的家庭教育提示、启发和策略。本书涵盖了一些重要领域,如记忆、动机、思维偏差和父母的态度等,使复杂的研究变得简单、可及和实用。

　　从大规模研究到小规模研究,从"古怪"的研究到标志性的研究,《如何科学地帮助孩子学习》化难为易,将这些重要的研究一一分解,为父母提供了需要了解的事实。本质上,本书是一家"一站式的商店",就如何更好地为人父母提供了指导。

　　《如何科学地帮助孩子学习》回答了所有父母都关心的,但不知道从哪里找到答案的问题。这包括日常生活中的小问题,也包括改变生活的大问题。本书回答到的一些问题包括:

　　◇　我的孩子需要多少睡眠?

　　◇　我真的应该帮助孩子做作业吗?

◇ 为什么我的孩子会忘记刚刚学过的东西？

◇ 看屏幕的时间多久才算过长？

◇ 我能做些什么来帮助孩子在学校表现得更好？

◇ 我们一起吃饭真的有那么重要吗？

◇ 我如何帮助孩子学会更好地管理自己的情绪？

◇ 我怎样才能鼓励孩子成为更好的独立学习者？

这本独特的书蕴含着丰富且极易获取的资源，将为每个父母提供他们所需的知识，以在最大程度上支持孩子的学习和发展。

爱德华·沃森（Edward Watson）是英国英纳德公司（InnerDrive）的创始人。

布拉德利·布什（Bradley Busch）是英国英纳德公司的特许心理学家。

致　谢

爱德华·沃森：感谢父母对我的悉心教导，也感谢我的家人海伦、伊兹、奥利、崔姬和巴甫洛夫；感谢你们不但为我的成功而高兴，也能容忍我的失败，感谢你们一直陪伴着我。

布拉德利·布什：感谢我的父母——感谢你们的智慧、耐心，最重要的是，感谢你们这些年来给予我的爱。你们给我提供了最好的榜样。如果我的育儿水平能达到你们的一半，就足够幸运了；感谢我的妻子皮帕，我认为你在教育孩子方面具有魔法师般的神奇能力，所以感谢你让我也能学习你的魔法。

我们俩都非常感谢劳特利奇出版社再次给予我们机会；也非常感谢我们才华横溢的美术设计师路易斯，我们喜欢你美丽精妙的艺术作品——你的创作才能是本书不可或缺的一部分，也非常令人赞叹！

感谢书中所涉及到的研究的众多作者和研究人员，希望我们的归纳总结充分反映了你们的研究本身所具有的价值；最后，感谢所有英纳德公司的团队成员（包括所有现任的和已离任的成员），尤其要感谢DC、布莱斯、马拉卡、艾米丽、伊兹、汤姆、格蕾丝、哈蒂、鲁希、乔治、卢和马特。我们一直很喜欢和你们所有人一起工作。也非常感谢丹——没有你，我们不可能完成这一切。

作者简介

爱德华·沃森毕业于牛津大学，曾在军队服役七年。他获得了伦敦商学院工商管理硕士学位，曾担任马拉康咨询公司（Marakon Associates）的战略管理顾问，之后也曾经营电脑游戏市场业务。除了在企业、教育和体育领域工作外，他也是《释放你的内在动力》（*Release Your Inner Drive*）一书的合著者。

布拉德利·布什是一位特许心理学家。凭借在学校工作的丰富经验，他成为一名帮助学校运用心理学研究成果的顶尖专家。在教育领域之外，布拉德利还和精英运动员合作，其中包括英超球员和英国奥林匹克运动员。他与爱德华·沃森合著了《释放你的内在动力》。

前　言

现在的孩子喜爱奢侈；他们缺乏礼貌，蔑视权威；他们不尊重长辈，喜欢用闲聊代替锻炼。孩子们现在像暴君，而不是家庭的一员。当长辈进入房间时，他们不再站起来。他们和父母顶嘴，在同伴面前喋喋不休，在餐桌上狼吞虎咽，跷二郎腿，欺压老师。

——苏格拉底（Socrates）

长期以来，父母一直纠结于如何帮助孩子充分发挥潜力这一问题。苏格拉底所感受到的挫败感，在今天似乎仍然存在。诸如"我的孩子需要多少睡眠""我如何帮助他们培养在学校取得好成绩的动机"，以及"我怎样才能帮助他们提高记忆力"的问题就像从前一样迫切。

无论是好是坏，我们养育孩子的方式很大程度上受到自己父母养育方式的影响。他们为我们提供了一个模板。但不幸的是，今天的许多育儿挑战并没有历史的路线图。我们的父母不必纠结于"花多少时间在手机上才算过多"以及"社交媒体有什么影响"这样的问题。

因此，这种新旧问题的结合意味着养育子女的难度和挑战是前所未有的。在没有历史指引的情况下，到哪里去寻找答案呢？心理学研究能否填补这一空白？

　　本书致力于提供一些思路和方向，它展现了我们帮助孩子们更有效和更高效学习的部分尝试。最重要的是，它将讨论如何真正实现我们希望在孩子身上看到的那些变化。我们希望将学习的科学与育儿的艺术结合起来。

　　尽管在学习科学方面有大量的研究，但到目前为止，大部分研究成果都没能送到最需要的人——父母——手中。

　　这有三个突出的原因：

　　1. 大多数人都不太确定去哪里找这种研究。

　　2. 就算你知道了去哪里找，阅读相关期刊也得花很多钱。

　　3. 就算你能获得这些研究资料，也会发现其中一些很难阅读和理解。例如，我们非常喜欢的一项研究结果是这样出现在期刊上的：

$$\text{Rating(K)} = \beta_1 \, \text{rating}^{(k-1)} + \sum_{i(k-1)}^{i(k)} \beta_2 \, \text{shocks}^{(k)} + \beta_3 \, \text{variable term}^{(k)}$$

　　在本书中，我们试图解决这三个问题。针对学习的科学这一主题，我们挑选了心目中最重要和最具影响力的77项研究，仔细阅读后，将其转换成了易于阅读和理解的内容。

我们如何选择研究

　　我们选择了来自世界各国大学的研究人员的一系列研究，这些国家包括英国、美国、中国、新西兰、加拿大、日本、澳大利亚、德国、西班牙、法国、荷兰、比利时和以色列。

　　我们所选择的研究一些是标志性的，一些是"古怪"的；一些规模很大，一些样本量较小；一些非常古老，一些最近才出版；一些已经追踪学生超过40年，而也有一些只在一天内就完成了。这些研究有什么共同点？每项研究都试图回答这样一个问题：我们如何帮助学生在学校中表现得更为出色？

提　醒

　　苏格兰诗人安德鲁·朗格（Andrew Lang）曾说过，"有些人使用统计数据，就像醉汉使用灯柱一样——只是为了提供支撑而不是照明"。我们认为心理学研究论文亦是如此。我们对人的学习方式的理解在不断发展——新的研究正在发表，而一些旧的研究无法重做。我们所"知道"的不是固定或静态的东西。

　　一本书无法提供确切的答案。然而，它可以提供一些指导。我们最好将每项研究都视为一根线，那么，当你将这些线交织在一起时，它们就形成了一条色彩斑斓的织锦，那就是"学习的科学"。我们希望这条织锦能为父母培养孩子提供一个坚实的基础。

我们如何撰写这本书

这本书的撰写方式与其他大部分同类书不同。它不仅介绍了学习的科学相关的研究发现，还对这些发现进行了总结和思考。因此，我们按照本书第4项研究（间隔学习）的建议，打乱顺序展示这些发现，并按照本书第35项研究（图片和文字）的建议将图文结合起来进行阐述。

本书所述研究可以按照以下主题进行分类：

◇ **记忆**：提高孩子记忆力的策略

◇ **思维、动机和心理弹性**：如何提升孩子的毅力、努力程度和态度

◇ **自我调节和元认知**：如何帮助孩子清晰、有效和坚实地思考

◇ **学生行为**：关键的学生行为以及哪些过程会带来重要影响

◇ **父母**：父母做出的基本选择、决定和行为如何影响孩子的学习

◇ **思维偏差**：错误的思维习惯和怪癖会阻碍学习的进程

教育知识

1 记忆

研究概况

2013年，来自肯特州立大学、杜克大学、威斯康星大学和弗吉尼亚大学的研究人员发表了一份综述——根据数百项研究，探索哪些策略对长期学习最有效。

主要研究结果

1. 两种有效改善长期记忆的方法

提取练习：学生必须给出问题的答案，包括历届试题、多项选择题或模拟简答题。

分散练习：又名"间时练习"——将学习任务分为几个时段去做，时段之间保持一定的时间间隔，不能一次搞定（比如集中时间死记硬背）。从本质上说，当学生分散学习任务，通过多个时间段重温同一份学习资料时，能够记住更多。

2. 两种相对有效的方法

精细探询：问自己"为什么这是正确的"或者"为什么可能是这样"将有助于学生对学习材料进行思考，建立与已知信息的联系。

交错练习：交错练习将不同类型的问题混合在一起，避免学生将时间"固定"在同类问题上。

3. 两种相对无效的方法

标记重点/画线：尽管对于很多学生来说，这是他们的"首选武器"，但是在学习材料上标记重点的方法往往难以导向长期学习。

重读：如果学生熟悉他们读过的整章内容，就会认为自己学到了东西。但这个方法不如他们想象的有效。

来自世界各地的众多研究者都通过研究佐证了上述结论。为了使提取练习最有效，必须在"低风险"的情况下进行，也就是说练习不会提高学生的压力水平，也不作为考量学生能力的依据。我们尚不明确分散练习的最佳时间间隔，这也是目前研究的重点。

有证据表明，很多学生实际上更喜欢使用效果较差的学习策略。例如，几项研究（见本书第20项和第69项研究）发现，相比于进行大量小测验和测试这种更有效的策略，学生更倾向于认为简单地重读核心材料更有帮助，尽管这最终只会导致较低的考试成绩。同样，很多学生还在使用一边听音乐一边复习的方法，尽管这个方法对学习毫无帮助（见本书第15项研究）。

对父母的启示

父母如何运用这些发现呢？这取决于孩子的年龄和学科的特点。可以通过定期的小测验来达到测试效果。同样，在取消模块化考试的教育体系中（比如英国），分散练习也很重要，所以鼓励你的孩子重温以前的话题变得更为重要。

重要的是我们作为父母要告诉孩子什么策略是有用的，什么是无用的。他们每在标记重点或重读上花一分钟，就相当于浪费了60秒的有效学习时间。

正如本项研究的作者所说："我们将重点放在教授学生内容和批判性思维技能上，而很少花时间教学生发展引导学习的有效方法和策略……教学生使用这些方法不会占用教学过程太多时间，如果在多个领域持续教授这些方法，学生就可以广泛地体验到它们对学习和成绩的影响，这可能是最有益的。"

参考文献：Dunlosky, J., Rawson, K. A., Marsh, E. J., Nathan, M. J., & Willingham, D. T. (2013). Improving students' learning with effective learning techniques: Promising directions from cognitive and educational psychology. *Psychological Science in the Public Interest*, 14(1), 4–58.

研究概况

愿望和期望是不一样的。前者是你希望发生的事情，而后者是你预期会发生的事情。较高的愿望与期望对孩子的表现有多大影响呢？告诉你的孩子要"敢上九天揽月"，会让他（她）更有可能心想事成吗？

布里斯托大学的研究者追踪了640多所学校的770名学生，研究愿望与期望是否会影响其"普通中等教育证书"（GCSE）的考试成绩，以及对是否选择继续申请大学的影响。

主要研究结果

58%

1. 大部分学生（58%）既有高愿望，也有高期望。

2. 低愿望与低期望的学生在GCSE考试中的成绩最差，相比之下，有较高愿望与较高期望的学生平均多出2个A★到C等的成绩。

3. 有高愿望和低期望的学生往往会获得低成就。这些学生在GSCE考试中获得低于5个A★到C等成绩的可能性是那些既有高愿望又有高期望的同龄人的两倍。

4. 在孩子9年级时，与不期望孩子上大学的父母相比，期望孩子上大学的父母，其子女上大学的可能性是前者的5倍。

后续的研究发现，大多数针对学生愿望的干预行为对提升学业成就效果甚微。有远大抱负却无法实现，会导致学生怨恨、沮丧和回避社交。

该研究对高期望与高愿望相结合的正面影响和预测力非常乐观。研究发现，在测验中，对自己有较高期望的学生有信心能正确回答更多问题。研究表明，在新学年或新项目开始时，较高的期望是最有益的，因为这可以让学生不带任何负面的先入为主的想法去迎接新学年或新项目。

在相关领域有一项有趣的研究，着重探索了父母与教师的期望对学生成绩的影响。大部分案例表明，这有助于提高学生的成绩。但请注意：如果期望过高或不切实际，则可能增加学生的压力和焦虑（见本书第43项研究）。

对父母的启示

既然这一研究表明，将高愿望与高期望结合起来是很重要的，那么父母应该如何做到这点值得探讨。一种方法是从我们自己对待教育的态度出发，因为有证据表明，这可能会对孩子的学业成就产生很大的影响（见本书第9项研究）。

父母可以通过与孩子谈论学校的重要性、教育的整体价值，和需要以积极的态度对待他们的教师，来传达高期望对他们学业水平的提升和最大限度利用教育资源的重要性。

另一种方法是帮助我们的孩子弥合愿望和期望之间的差距。正如该研究的作者指出的那样：

（我们）应该鼓励学生提高并保持高水平的愿望。不过，应该为学生，特别是来自贫穷和弱势家庭的学生，培养必备的技能，以加强其高水平的愿望。

这些技能包括任何有助于激发孩子们的远大抱负，从而提高其成绩的技能。包括元认知、自我调节和有效记忆策略，如间隔学习（见本书第4项研究）、提取练习（见本书第20项研究）和教授他人（见本书第36项研究）。

参考文献：Khattab, N. (2015). Students' aspirations, expectations and school achievement: What really matters? *British Educational Research Journal*, 41(5), 731–748.

3 计划谬误

研究概况

　　计划谬误的理念认为，大部分人会低估完成任务需要的时间。为了验证这一点是否适用于学生，研究者组织了一系列不同类型的课堂任务和活动，请学生预估完成任务所需的时间。然后分析学生预估时间的精准度，并观察他们在何种情况下最有可能达到预期。

主要研究结果

　　1. 学生完成任务的平均时间超过55天，而预估的平均时间为34天，其中超过70%的学生完成任务的时间超过自己的预期。

　　2. 学生完成任务的时间大于预期值，这与任务本身的性质无关，无论这是一项学术作业，还是日常活动，如打扫公寓或修理单车，学生完成的时间都大于预期。

　　3. 在精确预估出任务时间的学生中，58%的人会花时间积极回忆过往的类似任务。没有使用这一技能的学生只能保证29%的时间精准度。

　　4. 给任务设定一个截止日期更有可能让学生按时完成任务，但不要让他们自己设定。

　　5. 在进行预测时，学生更有可能想到未来的进步，而不是可能出现的困难。

相关研究

曾有许多研究探讨设定目标和期限以及了解还剩多少时间完成任务（见本书第74项研究）的重要性。设定目标能够帮助学生集中注意力、避免干扰、提高学习态度与毅力。同样，研究表明，定期设置截止日期能够帮助学生在整个学年合理管理自己的时间和精力，提高整体成绩（见本书第47项研究）。这是因为，截止日期离你越远，就越难以影响（提高）你的注意力，进而会导致精力分散，效率降低。

其他帮助人们更好地管理时间的研究则围绕着尽量减少拖延症。其中一个流行的策略是，只做几分钟的任务，因为实际上开始一个新项目是成功的一半。其他技巧还包括改善自我调节能力，这样学生就不太可能分心；在早上做那些艰难而重要的任务，因为这时候学生可能比深夜更有精力。

对父母的启示

随着孩子年龄的增长，独立学习变得越来越重要。很明显，时间管理是独立学习所需要的重要技能，可以精准预估不同任务所需的时间。

这项研究的结果表明，父母可以做两件关键的事情来更好地帮助孩子做出更准确的预测。第一件事情是将任务分解，并定期为孩子设定较短的期限。第二件事情是帮助他们将现有任务与之前完成的类似任务进行清楚、明确的比较。帮助他们找出相似之处，区分不同之处，以及反思这些任务所花费的时间，这将有助于改善他们的时间规划。

研究人员提醒，"人们似乎了解了过去，但注定要重蹈覆辙"。在帮助孩子从以前的错误中吸取教训方面，父母可以发挥关键作用。事实上，研究人员表示，"如果把过去完成任务所需的时间考虑在内，个人会做出更现实、更准确的预测"。然而，只有当参与者的回忆是有效的，并且现有的任务与回忆的任务相似时，预测的准确度才会提高。父母的作用就是在这方面提供指导和观点。

参考文献：Buehler, R., Griffin, D., & Ross, M. (1994). Exploring the "planning fallacy"：Why people underestimate their task completion times. *Journal of Personality and Social Psychology*, 67(3), 366.

4 间隔学习

研究概况

　　研究人员设计了一项实验来研究复习过程中的最佳休息时间。他们让1354名学生学习32个少见但真实的冷知识，包括"谁发明了雪地高尔夫"以及"哪个欧洲国家吃的墨西哥菜最辣"这样的问题，之后把参与者分成26组，每组在下一次复习前和最终考试前的间隔时间都不一样。然后，研究者比较了参与者在最终考试中的正确答题数，以确定学习的最佳间隔时间。

主要研究结果

1. 间隔学习比集中学习更有效。

2. 重温同一份材料前的最佳间隔时间取决于你想要记住这份材料多长时间。

3. 考试离你越远，复习的间隔时间应该设置得越长。

研究者发现下面的时间安排可以提供一个很好的指导：

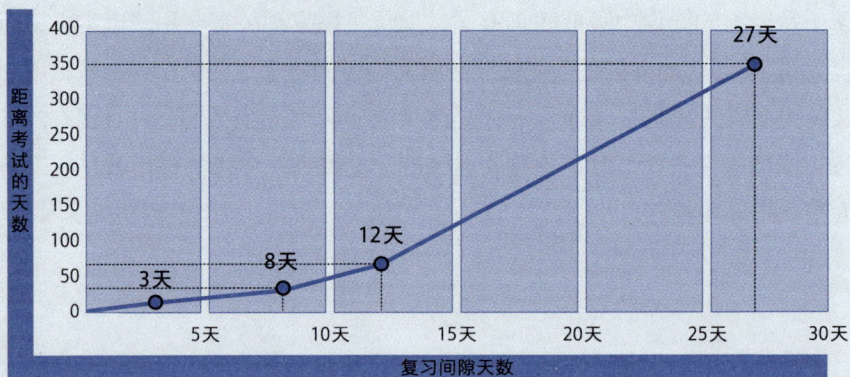

纵轴：距离考试的天数（0, 50, 100, 150, 200, 250, 300, 350, 400）
横轴：复习间隙天数（5天, 10天, 15天, 20天, 25天, 30天）

数据点：3天、8天、12天、27天

"间隔效应"是认知心理学中最早、最持久的一项发现。1885年，德国心理学家赫尔曼·艾宾浩斯（Hermann Ebbinghaus）首次详细描述了这一现象。艾宾浩斯发现，如果人们对某些知识只学习一次，往往会忘记大量信息。这是学生在学校放假期间遭受"暑假学习大滑坡"的部分原因（见本书第73项研究）。自艾宾浩斯提出这一现象后，不断有研究证明间隔学习的力量（见本书第55项研究）。这是一种有效的技能，因为它给了人们遗忘和重新学习材料的时间。这个过程可以帮助学生将知识转化为长期记忆。

一些研究表明，使用间隔学习代替集中学习会导致10%—30%的期末考试结果差异。这一发现适用于一系列学习任务，包括记忆关键词、随机事实或解决复杂的数学问题。

由于其他研究建议的学习间隔略有不同，本研究中列出的学习间隔仅供参考。本研究的研究者认为，"简单地说，如果你想知道自己学习时间的最佳分配方案，需要确定你希望记住多久"。根据经验，在你越接近于忘记某一信息的时候（在它完全从你的大脑中消失之前），就越有可能从重温中获益。

对父母的启示

对孩子来说，记忆和回忆大量信息的能力变得比之前更加重要。父母可以通过分隔学习材料并定期复习来帮助孩子提高长期记忆。正如演员不会把排练留到演出开幕的前一天一样，运动员也不会只在比赛前一天进行训练，孩子也应该定期复习之前学过的内容。

这项研究的作者指出，这"与许多传统的教育实践——例如，在某一课程的某一周内只做单一主题的研究——不一样"。要记住某些信息，需要时间和重复。这是孩子在制定复习时间表时要仔细考虑的问题，学习"什么"是重要的，"什么时候"学也很重要。

参考文献：Cepeda, N. J., Vul, E., Rohrer, D., Wixted, J. T., & Pashler, H. (2008). Spacing effects in learning a temporal ridgeline of optimal retention. *Psychological Science*, 19(11), 1095–1102.

5　成长型思维

研究概况

9—12岁的学生完成了一项解决问题的游戏，随后他们得知自己答对了80%的问题。他们中的一部分人得到了天生聪明的夸奖，而另一部分则得到了解题很努力的表扬。研究者研究学生的感受、想法，以及他们在后续任务中的表现。

主要研究结果

1. 在后续的任务选择中，因为智力而得到表扬的学生更有可能选择（他们认为）能让自己显得聪明的任务。因为努力而得到表扬的学生则倾向于选择帮助自己学会新事物的任务。

2. 与因为努力而得到表扬的学生相比，因为智力而得到表扬的学生表示没有那么享受任务。

3. 与努力受到肯定的学生相比，智力受到肯定的学生不太可能坚持自己的任务。

4. 智力受到肯定的学生在未来的学习任务中成绩会下降，而努力受到肯定的学生会有进步。

5. 在因为智力而得到表扬的学生中，86%会询问同伴在同一任务中的表现。在因为努力而得到表扬的学生中，只有23%会询问同样的问题，他们中的大部分人会询问如何可以做得更好。

6. 在因为智力而得到表扬的学生中，有38%会对自己完成任务的数量撒谎。在因为努力而得到表扬的学生中，只有13%会撒谎。

相关研究

自这项研究以来，许多不同的研究人员研究了成长型思维的影响。有些人（当然不是所有人）发现，拥有成长型思维的人能够取得更好的成绩。这种效应似乎尤其适用于那些曾经学习困难但非常努力的学生。研究表明，除了考试成绩，成长型思维还有很多其他益处，包括更好地应对转变（见本书第56项和第64项研究）、更高的自我调节能力、坚韧、积极的社会行为以及更有效复习方法的使用（见本书第69项研究）。

关于成长型思维的研究，还有一个吸引人的部分就是它与心理健康相关的益处，有证据表明，拥有成长型思维的人攻击性较低，自尊心较强，抑郁和焦虑症状较少。

对父母的启示

这项研究强调了我们如何向孩子提供反馈的复杂性和重要性。过多的赞扬会导致孩子的自恋行为，并创造一种低期望的文化。诸如"你真聪明"或"你一定很有天赋"这样的赞美，其问题在于，它们并没有告诉孩子，未来要做什么才能成功。通过表扬努力和/或他们使用的策略，我们给了孩子一个下次可以效仿的行为模板。

来自哥伦比亚大学和斯坦福大学的研究者评论说，"得到这类智力反馈的孩子，会把重心放在通过优异的表现证明其能力上面，当他们遇到成绩上的挫折时，很可能消极应对……而努力得到肯定的孩子更重视学习而非成绩，在偶尔表现不好时，他们不太可能崩溃，这一点很好理解"。

这样的研究必须让我们考虑称某些孩子"有天赋和才能"这一做法的价值，因为这对他们来说意味着成功归功于他们的天赋和才能本身，而不是他们如何利用天赋和才能（见本书第8项研究）。有趣的是，有证据表明，这种表扬也会增加孩子作弊的可能性，以维持他们聪明的名声（见本书第48项研究）。

在急于拥有成长型思维的过程中，有时这项研究背后的信息要么被淡化为"成长型思维只关乎努力"，要么被转变为"任何人都可以做任何事"。这两种说法既不准确，也没有任何帮助。成长型思维与一个人可以学习并提升自我的信念有关。

参考文献：Mueller, C. M., & Dweck, C. S. (1998). Praise for intelligence can undermine children's motivation and performance. *Journal of Personality and Social Psychology*, 75(1), 33.

6 预测未来行为

研究概况

　　某一年春天，康奈尔大学开展了连续四天的水仙花促销活动。所筹得的款项都将捐赠给美国癌症协会。为了促销，校园里摆满了水仙花，购买方便，价格不贵，学生们也非常了解本次活动的慈善目的。

　　在开展促销活动的一个月前，研究者调查了251位学生，询问他们是否计划购买水仙花，如果购买，将会购买多少。在活动开展3天之后，研究者再次调查这些学生，确定其最终购买数量。

主要研究结果

1. 水仙花促销活动之前

83%的学生表示会去购买。允诺购买的数量为平均每人两支水仙花。有趣的是，这些学生认为自己比其他同学更有可能购买水仙花。

2. 水仙花促销活动之后

　　在活动之后，研究者询问同一批学生，发现只有43%的学生真正购买了水仙花。他们购买水仙花的数量也低于预期，人均购买量为1.2支，低于预测的2支。

3. 我们为什么不擅长预测自己未来的行为？

　　也许在预测未来行为的时候，我们更倾向于以一种乐观的想法来分析自己和目前的情形。我们不太可能精准地分析可能遇到的困难和所需要的努力。这就意味着学生对学习的意向可能是好的，但不一定总能自主地将美好的愿景转化为行动。

A PARENT'S GUIDE TO THE SCIENCE OF LEARNING

　　其他研究已经证实，人们非常不擅长预测未来的行为，尤其是那些会让我们更快乐的行为（见本书第67项研究）。有证据证明，如果要做出准确的预测，我们应该取一个群体的平均值。这就是所谓的"群体智慧"。对一个群体进行调查并取平均值有助于减少自利性偏差，去除极端的异常值。

　　如果要把良好的意图转化为行动，那么为行为改变创造一个有效的环境似乎是一个有力的方法。这意味着尽量减少可能导致拖延的干扰，增加自主性，通过让事情变得有趣、掌握任务或创造使命感来挖掘内在动机。经证实，这些都有助于促进积极的改变。

对父母的启示

　　所以，如果孩子不能很好地预测自己未来的行为，我们如何才能最大限度地支持他们的学习（尤其是在他们年龄稍长，成为一个独立的学习者更为重要的时候，父母该如何做）？除了有保留地对未来进行预测，更重要的是要记住这些失败的预测不一定是由孩子撒谎引起的——在这项研究中，孩子们真的相信他们会买很多水仙花。

　　关键是要利用孩子的精力所发挥出的能量，规划其可能面临的障碍，以及该如何克服这些障碍。谈论可能会出现的问题并不是消极的，只要能在之后有建设性地讨论在这种情况下该怎么做就可以了。这种"如果是这样，那我就那样做"的模式是一种微妙而有力的策略，有助于将良好的意图转化为实际的行动。

031

如何科学地帮助孩子学习

参考文献：Epley, N., & Dunning, D. (2000). Feeling "holier than thou"：Are self-serving assessments produced by errors in self-or social prediction? *Journal of Personality and Social Psychology*, 79(6), 861.

7 青少年和社交排斥

研究概况

对于孩子来说，在学校学习、生活的同时还要度过青少年时期是一个真正的挑战。为了测试孩子是否比成年人对社交排斥的免疫力更低，研究人员在2010年进行了一项非常有吸引力的研究。

研究者让年幼的青少年、年长的青少年和成年人分别参与一个电子游戏。在虚拟的线上房间里，参与者是3名玩家之一。在参与者不知情的情况下，另外2名玩家实际上是按既定程序表现的自动机器人。一开始，另外两个机器人会把球扔给参与者。之后，它们则会把参与者排除在外，只是互相玩。研究人员随后比较了参与者的想法和感受。

主要研究结果

研究者发现在社交上遭到排斥让3类群体的人都感到难受。然而，研究也发现，在同伴群体中遭遇排斥会产生下列影响：

1. 两类青少年的感受要比成年人的感受差很多。

2. 两类青少年在情绪上的变化要大于成年人的。

3. 年幼的青少年忧虑感增幅最大。

4. 年长的青少年通常比成年人自尊心更弱。

这项研究的作者来自伦敦大学学院和普渡大学，他们认为这一发现"表明青少年对排斥非常敏感"，并指出这"与之前的研究一致，即社交焦虑在15岁时达到顶峰"。这种影响在少女身上尤为明显，一项研究发现，她们在青少年时期的自尊心明显下降。

我们现在对青少年大脑的了解比以往任何时候都多。它的结构和功能与成年人大脑不同。其他研究认为，与成年人相比，青少年更容易冒险、需要更多睡眠、难以解读情绪、自控力更差。尽管我们都容易受到同辈压力的影响（见本书第60项研究），但证据表明，与成年人相比，青少年更容易受到群体的影响，当他们和朋友在一起时，他们比成年人更容易做出错误的决定。

对父母的启示

一个人只有在学校的时候，身边才会有那么多的同龄人。如果青少年在社交排斥方面比成年人更敏感，那么青少年时期的学校生活对他们来说就像走钢丝一样棘手。过度的压力会阻碍学习、分散注意力和降低记忆力。这意味着操场上发生的事情（放学后社交媒体上发生的事情也一样）会影响课堂上的学习效果。因此，我们要明确地教授孩子策略，帮助他们管理自己的焦虑和挫折，包括诸如自我谈话（见本书第45项研究）、深呼吸、重新集中精力和思维重构等技能。

这项研究的有趣之处还在于，它发现了青少年和成年人的不同反应。这说明，这两类人在经历同样的事情时，会有截然不同的反应。这并不意味着青少年在遭遇社交排斥时的反应是过度的。在其人生的这个阶段，社会地位十分重要。在同情青少年的同时，也要正确地看待最近发生在他们身上的被冷落的问题——在两者之间找到平衡是至关重要的。

参考文献：Sebastian, C., Viding, E., Williams, K. D., & Blakemore, S. J. (2010). Social brain development and the affective consequences of ostracism in adolescence. *Brain and Cognition*, 72(1), 134–145.

8 智商和成功

研究概况

一个儿童的成功与其智商有多大关系？基因能决定成功吗？你能精确地预测将来哪些学生会成功吗？

路易斯·特曼博士（Dr. Lewis Terman）曾负责一个大型的、持续的、有关天赋学生的纵向研究。该项研究建立在19世纪20年代斯坦福大学研究的基础之上，起初，特曼博士相信一个人的成功取决于智商。他一直监控这些学生在学校里取得的成功以及走向社会后取得的成就（这项研究一直持续至今）。

他研究的学生常自称为"白蚁"。特曼博士坚信这些"白蚁"会因其高智商而成为时代的领军人物。这些研究数据每五年更新一次。从结果来看，我们现在知道了更多关于智商重要性的信息以及其他决定校内外成功的因素。

主要研究结果

正如我们所期望的，这些"白蚁"学生在学校里的表现很好。这项研究更有意思的是对这些学生的后续研究结果。

25年后，特曼博士开始对比"白蚁"学生所从事的职业类型。一些学生成了医生、律师以及大学教师。另一些学生则成了档案管理员、警察或是渔夫。特曼博士对于职业领域如此宽泛感到惊讶，他有句评论非常有名，"我们看到了智力和成就并没有完美地结合在一起"。

35年后，特曼博士将100位成功的参与者（获得A等级）和到了40岁还过得艰辛的人（获得C等级）进行了对比。研究有两项发现：

1. 获得A等级的人的确比获得C等级的人智商要高（157：150），但是智商值的差距并不明显，高智商之间的小差距对生活的影响很小。

2. 两组之间一个重要的差异体现在各自的个性特征。从其年轻时可以看出，获得C等级的人缺少决心和坚持，而获得A等级的人表现出更强的意志力、毅力以及超越自己的欲望。

🔗 相关研究

这项"白蚁研究"对智商的预测能力提供了深刻见解。其他研究证实了一个人的智商有很大的遗传成分，并且与其学术表现、创造力、幸福感、未来收入甚至预期寿命息息相关。很显然，智商在我们的生活中有着十分重要的作用。

而其他研究也强调了一个人的心态、心理弹性、情商和毅力对成功的影响（见本书第12项研究）。这和学生怎么应对改变、如何战胜挫折以及如何处理负面的反馈有关。重要的问题不是"哪个因素产生的影响最大"，而是"哪个领域有改进空间""最好该怎么做"。这方面的研究正在进行中，目前还不太可能得到一个明确的答案。

💡 对父母的启示

这项研究及其他相关研究（见本书第19项研究）提出了一些有趣的问题：我们对于预测谁会成功有多大把握？怎样才能培养出最佳技能来帮助孩子更好地学习？有证据表明，在小学里，好的成绩常常与出生日期有关，同一年级中出生早的孩子与出生晚的孩子相比有巨大的优势。我们认为，才能和智力在早期是和年龄相关的。

事实上，我们需要好好考虑在预测成绩和未来成果上所花的时间是否是值得的。好的方面是我们可以追踪孩子的进步并保证他们得到适当的支持。然而，我们也应该考虑到机会成本，因为每花一分钟预测孩子的将来，帮助孩子学习的时间就少了60秒。

参考文献：Terman, L. M., & Oden, M. H. (1959). *The Gifted Group at Mid-life: Thirty-five Years Follow-up of a Superior Group*. Stanford, CA: Stanford University Press.

9 父母和成绩

研究概况

在家长会上，家长向老师问的最常见且重要的问题是："我应该怎么做才能最好地帮助我的孩子呢？"这是最常见也最重要的问题之一。研究者回顾了37项关于父母面对孩子成绩时表现出的行为态度所产生的影响的研究。这个研究的样本包括了8万名学生以及他们的家庭，它对于什么行为有用而什么行为不起作用提出了建议。

主要研究结果

他们发现父母可以通过以下4点帮助处于中小学阶段的孩子提高学习成绩：

1. 较高的学业期待

父母的高愿望和高期待可以对孩子的学习成绩产生最大的影响。父母的期待包括学校的重要性、对老师的态度以及教育的价值。

2. 定期交流

定期与孩子交流他们在学校的学习生活。这有助于帮助父母防患于未然，在大问题产生前就能消灭潜在的危机。

3. 良好的阅读习惯

这些好的阅读习惯包括经常地、定期地和孩子一起阅读。可以是你读给孩子听，也可以鼓励孩子和你一起读。

4. 作业规则

这些清晰的规则以如何分配家庭作业与休息玩耍的时间为中心。父母对孩子解释这些规则为什么合理，有助于帮助孩子在今后的学习生涯中就自己独立的学习时间做出更好的选择。

相比之下，研究者们发现父母的一些行为并不能对孩子的成绩产生较大影响，比如参与学校活动、监督孩子的家庭作业等。

大量其他研究已经证实了这项研究的发现，特别是关于高期待和重视教育的作用（见本书第66项研究）。当这些期待来自父母、老师或是学生自己的时候，它们将影响孩子的学习成绩。

同样地，发展好的阅读习惯和为乐趣而阅读能提高词汇量、拼写、数学成绩和一般学业成就。考虑其重要性，以下这点令人担忧：2016年英国国家扫盲基金会（National Literacy Trust）报道称，只有40%的青少年享受阅读，仅有24%的青少年认为阅读是一件很酷的事情。

这项研究发现，对家庭作业时间设定明确的规划很重要。这很有趣，因为其他研究发现学生自己做作业（即没有父母监管的情况下）会做得更好。这是因为随着年龄的增长，作业也变得越来越复杂，学生需要承担责任，主宰自己的成功。

对父母的启示

此项研究的作者指出，"任何关心教育的人都想要了解哪些可变因素会对教育表现产生最大影响。但遗憾的是，影响最大的似乎是管理者或决策者职能之外的因素"。这对忧心忡忡的家长来说是一个好消息，因为影响最大的因素在他们的控制范围内。

这带来了重大的责任，但同时也带来了巨大的机会。事实证明，并不需要深奥的学术知识或大量的资源（即金钱）就能产生积极的影响。从小而简单的事情开始，比如定期对话和设定清晰的规则——这似乎能为未来的成功提供一个很好的起点。孩子们经常从父母的行为中，而不仅仅是从父母的言语中学习。因此，如果我们做出想要（他们做出）的行为（例如良好的阅读习惯），他们就更有可能去主动模仿。

参考文献：Castro, M., Expósito-Casas, E., López-Martín, E., Lizasoain, L., Navarro-Asencio, E., & Gaviria, J. L. (2015). Parental involvement on student academic achievement: A meta-analysis. *Educational Research Review*, 14, 33–46.

研究概况

美国第30任总统卡尔文·柯立芝（Calvin Coolidge）曾经说过，"世上没有任何东西可以取代毅力。才华不会取代毅力，有才华但不成功的人很普遍；天赋不会取代毅力，一无所获的天才比比皆是；教育不会取代毅力，世界上到处都有受过教育的无业游民。毅力和决心是独一无二、无所不能的"。也许他稍稍夸大了心理弹性的重要性，但如今（人们）帮助学生提高这些技能的愿望比之前都要强烈。不过，心理弹性是可以习得和发展的吗？

心理弹性最初研究的是经历心理创伤事件的儿童，之后也运用于体育和商界。最新的研究将重点放到了教育领域。通过采访学生，研究者们证实了心理弹性的3个关键特征，同时在教学机构如何促进学生发展方面提出了建议。

主要研究结果

研究人员发现了心理弹性的3个关键特征：

1. 判断力

判断力包括一个人对情绪的管理能力，把注意力集中在可以控制的事情和制定长期和短期目标上。维持判断力对自我反思起到重要的作用。这能让学生去经营新的或不适的环境。

2. 保持健康

保持健康有助于学生良好应对压力或困境。他们可以通过体育活动或加入可促进社交的运动队来保持健康。确认成功、庆祝胜利以及积极的交流有助于提升心理健康。

3. 社交支持

一个人越是孤立自己，就越有可能对糟糕的决定耿耿于怀。维护好和朋友、家人、老师的关系有助于学生在遇到挫折时得到安慰，来自他人的建议也有助于学生战胜困难。

这项研究也关注了教学机构如何能帮助学生培养弹性环境。研究发现，帮助学生在安全的环境中经历和学习失败，并针对策略和后续步骤提供高质量的反馈，以及提供课外活动都是有成效的。

🔗 相关研究

这项研究支持了现有的其他研究结论，即心理弹性既可以由个人，也可以由其所处环境培养。最近，该领域内顶尖的研究人员发表了一篇综述（见本书第33项研究），强调促进心理弹性的环境需要同时提供高挑战和高支持。过多的挑战但没有支持会导致过度的压力、倦怠和孤立。过多的支持却没有足够的挑战会导致自满和厌倦。

有助于提高学生心理弹性的其他策略还包括：对于新的经历持开放包容的态度、积极乐观、将决定视为积极的选择而不是损失，以及把注意力集中在发展个人的某项技能而不是和别人进行比较上。另外，将挫折视为学习的机会，对自己的想法和感受负责也有助于提高心理弹性。

研究还表明，挫折和挑战不总是坏事（见本书第77项研究）。经历过逆境的人将来在遇到压力时，比捧在手上、含在嘴里精心保护着的人表现更好。经历失败也会产生更多的同理心、动力和决心。

💡 对父母的启示

这项研究的作者指出，"失败是学习的重要部分，但其相关的内涵需要被重新定义为学习的机会"。许多孩子认为：

错误＝坏事＝不惜一切代价去避免

父母应帮助孩子理解错误和挫折在某种程度上都是不可避免的，然后给他们一些可行的策略，这样可以帮助他们增强心理弹性。

父母还需要花时间和孩子交流，告诉他们应该如何改善身心健康。这样做有助于他们日常蓄能，掌握更多的能量和技能，在困难时期找到方向。同样，教会孩子一些技能，如自我反思和设计正确的目标，也有助于他们提升心理弹性。

如何科学地帮助孩子学习

参考文献：Holdsworth, S., Turner, M., & Scott-Young, C. M. (2017). Not drowning, waving: Resilience and university: A student perspective. *Studies in Higher Education*, 1–17.

研究概况

假设我给你一块棉花糖，并告诉你如果15分钟以后再吃，我就会给你两块棉花糖，你会这么做吗？在19世纪70年代初期，研究者向92名3—5岁的孩子问了这个问题。最初的研究和20年后的跟进研究永远改变了我们对自我控制的看法。

家长们很有必要知道这个研究。首先，这个实验很简单，你可以自己去模仿做一下。其次，这是一个跨度很长的研究，我们追踪了这些做实验的孩子许多年。最后，这是心理学上最有名的研究之一，它作为主要内容出现在很多心理学和教育学的图书中。

主要研究结果

1. 当让学生在马上吃了棉花糖和等一会儿就可以吃两块棉花糖中做选择时，不会控制自己的学生会马上吃掉这个棉花糖。

2. 另一些学生能够等待并且延迟满足，最后就可以吃到另外一块甜甜糯糯的棉花糖了。

3. 那些更会控制自己欲望的学生使用了一些有效策略，比如通过想一些其他有趣的事情来转移注意力、闭上眼睛或者置之不理。

在后续的研究中，研究者发现学生在小时候等待棉花糖的时间越长，长大后就越容易出现以下特点：

十分专注	善于社交	学业优异	表达流利	能处理沮丧情绪和压力

延迟满足的能力似乎可以预示个体发展的差异。"人们的自控力在追求长远目标的过程中起了关键性的作用。发展一个人的自我约束能力和同理心对于构建相互关心、相互支持的关系十分必要。"

🔗 相关研究

后来的研究者将关注点放在了为什么一些孩子要立刻得到满足，而另一些孩子愿意等待上。一些研究者认为这是因为大脑的区别。需要立刻得到满足的孩子大脑前额叶部分的活动较少（这部分与做出清醒的决定和控制冲动相关），而大脑腹侧纹状体中的活动较多（这部分与成瘾行为相关）。

其他一些研究者认为这可能和信任相关。另一项研究结果表明，如果孩子不相信等待之后会得到第二块棉花糖，则更有可能会吃掉第一块棉花糖（见本书第26项研究）。还有其他研究者提出，一些学生之所以在棉花糖测试中"失败"，可能并不是因为他们的自我控制能力有限，而是因为他们的行为非常有逻辑性。如果你是在非常有限的资源环境中长大的，那么就有可能立刻接受当下的奖励，因为以后就很难再获得这样的机会了。最近的一项研究似乎也支持了这一观点，指出儿童的背景和环境比他们抵御棉花糖诱惑的能力更能预测未来的结果。

💡 对父母的启示

学校是一个大型棉花糖测试吗？伴随着持续增多的干扰（不仅仅包括手机等），提升自控能力和延迟满足的能力已经变得至关重要。伦敦经济学院近期的一项研究表明，学校禁止使用手机后学生的考试成绩有所提高，这可能并不让人感到惊讶。这一研究和其他研究（见本书第25项研究）可能会帮助父母来思考他们应该何时允许孩子使用手机。

人们认为成熟是指思考某事和决定采取行动之间日益增长的差距。在童年时期，大脑的发育意味着减少寻求感觉和提高冲动控制这两方面的发展。在消除诱惑的同时，父母还可以通过与孩子讨论如何提高自控能力和延迟满足的能力，以及为什么需要这么做，为他们提供帮助。

参考文献：Shoda, Y., Mischel, W., & Peake, P. K. (1990). Predicting adolescent cognitive and self-regulatory competencies from preschool delay of gratification: Identifying diagnostic conditions. *Developmental Psychology*, 26(6), 978.

12 思维和目标意识

研究概况

这项研究探索的是教育学生发展成长型思维（比如，我会变得越来越好的信念）和培养目标意识（比如，为什么我应该在意我正在做的事情）所带来的影响。研究者探索了如果可以得到扩展，这些干预会产生什么样的影响，以及哪种类型的学生会有最多受益。

这项研究调查了13所不同高中的1594名学生。将学生分配如下：一组为对照组，一组接受成长型思维干预，一组接受目标意识干预，一组同时接受成长型思维和目标意识干预。

这些简单的干预通过网络进行。成长型思维干预包括一个45分钟的在线会议。会议内容包含了大脑是如何发展的，学生如何通过学习和练习变得越来越有智慧，以及在给另一名学生的信中总结出的关键发现。目标意识干预小组让学生解释在学校里优异的表现如何帮助他们达成有意义的目标。这些目标可以是对世界产生积极的影响，也可以是让其家人感到骄傲。

主要研究结果

1. 经过成长型思维干预的学生在成绩上有明显提高。

2. 经过目标意识干预的学生也在成绩上有明显提高。

3. 经过成长型思维和目标意识干预的学生更有可能在英语、数学和科学这些学科中完成课程学习。

4. 以上发现对曾经被认定为学习困难或面临退学风险的学生最为有效。

5. 成长型思维和目标意识的干预都是可扩展的，也就是说可以在线上对更多的学生进行干预。

一项非常吸引人的研究（见本书第40项研究）关注的是给学习一门新外语的学生创造一种目标意识。一些学生没有被告知为什么要学习这些材料。其他学生中有一部分被告知他们应该努力学习，因为这是对他们的期望，还有一部分被告知在学期结束会有一个测试。最后一组学生被告知学习这些材料是为了他们将来的职业生涯。结果如何呢？得知为什么学习这门新语言对他们有用的学生投入了更多的努力和专注。

同样，一些研究发现发展成长型思维对学习困难或是面临退学风险的学生尤其有益。一些研究的样本超过了10万名学生，其结果是可以信赖的。其他和成长型思维相关的优势包括：能更好地应对变化、坚持更久、能够自我管理、拥有幸福感、毅力以及对自己生活的掌控感。

对父母的启示

这项研究给了父母一个明确的启示：我们可以简单快速地培养孩子的成长型思维和目标意识。我们可以鼓励孩子去反思该如何努力学习才能帮助自己实现未来的目标，通过这一方式，培养孩子的目标意识——当目标涉及其他人或者是让世界变得更美好时，该目标就显得格外真实。让孩子完成下面的句子会是一个好的开端："在学校里表现好可以帮助我实现目标，这是因为……"

对孩子的成就、提高和发展抱有很高的期望，同时帮助他们制定一系列应对挫折的策略，将会有所益处。最后，帮助他们理解错误是一条有用的学习曲线，鼓励他们用自己的高标准来衡量成功，而不是拿自己和别人比较，将促进他们成长型思维的培养。

参考文献：Paunesku, D., Walton, G. M., Romero, C., Smith, E. N., Yeager, D. S., & Dweck, C. S. (2015). Mind-set interventions are a scalable treatment for academic underachievement. *Psychological Science*, 26(6), 784–793.

13　间隔和交错

研究概况

　　学生回答问题的顺序和时间对他们的知识掌握情况有多大的影响？每次用时较少但频率较高的间隔学习比集中时间的死记硬背要好吗？将多种问题混合在一起的交错学习比块状学习要好吗？

　　在第一项研究中，研究者探索了将数学复习课程分散到一星期中和一口气集中复习完之间的差异。第二项研究探索的是将同一种数学问题一起复习和将各种不同问题混在一起交错复习之间的差异带来的影响。

主要研究结果

　　1. 在最终测试中，进行间隔复习的学生取得了平均74分的成绩，而集中复习的学生的平均分是49分。

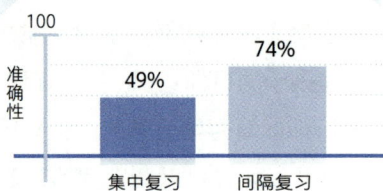

　　2. 经过一个星期的复习，将不同类型问题交错复习的学生取得了平均63分的成绩，而将同一种类问题一起复习的学生取得的平均分是20分。

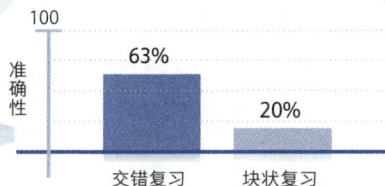

　　有很多研究表明间隔学习比集中学习更有优势（见本书第4项研究）。本质上，每天花一小时的时间复习8天要比一天复习8小时更有效。其他研究发现，进行间隔学习的学生比集中时间死记硬背的学生在最终测试上高出10—30分。

　　越来越多的证据也表明，将问题交错练习有助于提高长期记忆和成绩（见本书第1项和第75项研究）。这是因为在这个过程中学生不仅有机会去尝试一系列的策略，还有机会去辨认哪些策略最合适、更有可能成功。其中一项研究测试了往目标投掷不同重量沙袋的孩子，结果发现，在练习中把沙袋的重量顺序打乱的孩子，在最后的测试中比那些把沙袋的重量按升序排列的孩子表现更好。

💡　**对父母的启示**

　　我们不妨考虑一下大部分数学复习课本是如何描述一个问题（比如，分数加法运算）并给出10个相关的练习题的——这点十分有意思。交错学习可能会比集中学习多花费一些时间。在这一研究中，（集中学习的）学生会在课后的模拟测试中取得更好的成绩，然而他们学得并不深入。这意味着为了长期记忆，父母应该鼓励孩子进行交错学习。

　　事实上，该项研究的作者指出，间隔学习的好处是，"当某一话题的问题和其他话题的问题混合在一起时，没有理解这一话题的学生（或者没有参与这节课的学生）仍然能在后续的课程中答出大部分问题，但当这些学生集中这一话题的练习时就只能答出一些或者一点都回答不出"。

　　因此，我们将孩子遇到的不同类型的问题混合起来，并将这些问题分散到很长一段时间里进行间隔复习，可能会产生更好的结果。鼓励你的孩子这样做，会有很大的不同。

参考文献：Rohrer, D., & Taylor, K. (2007). The shuffling of mathematics problems improves learning. *Instructional Science*, 35, 481–498.

研究概况

孩子在经历失败后，经常会向父母求助，看看他们会有什么反应。但是父母的反应对孩子的思维有什么影响呢？父母可以将失败视为一种"进步"或"退步"。进步的失败观视挫折为学习和成长的机会，而退步的失败观视挫折为羞耻的来源，并形成对孩子能力的负面判断的基础。

斯坦福大学的研究人员对100多对父母和孩子进行了系列研究，以探索父母的思维以及他们对失败的看法对孩子思维的影响。父母如何帮助年轻学生发展成长型思维（即相信自己可以变得更好）？研究结果对此提供了指导。

主要研究结果

1. 不论父母拥有固定型思维还是成长型思维，都不能预测孩子的思维。

2. 孩子能准确地评估其父母认为失败是一种潜在的进步还是退步。

3. 把失败视为退步的父母，其子女更可能拥有固定型思维。

4. 把失败视为进步的父母，其子女更可能拥有成长型思维。

5. 在所有的父母中，年长的父母更有可能相信失败是一次有益的学习经历。

正如研究者所评论的那样，"可能父母像孩子一样，有着塑造自身目标和行为的思维，但是只有在引导孩子进行实践的情况下，这些信念才与塑造孩子的信念相关"。

研究者总结说，"我们的发现确实表明，如果父母认为失败是一种退步的经验，那么孩子会认为自己难以发展才智……面对孩子的失败，这些父母更多关注的是能力或成绩，而不是学习本身"。

这项研究是为数不多的直接关注父母的信念如何影响孩子思维的研究之一。迄今为止，大部分研究都着眼于父母的态度如何影响孩子的成绩（见本书第66项研究）。父母重视教育、有着较高却现实的期望，那么孩子会获得更高的成绩（见本书第9项研究）。在其他领域当中，包括父母对家庭作业的态度、对积极的阅读习惯的态度，也发现了类似的结果。另一项研究表明，随着时间的推移，失败在一个人的发展和进步中发挥着重要作用（见本书第77项研究），这更显示了本项研究的切合性。

就培养成长型思维而言，其他研究关注的是父母的行为而不是态度。例如，证据（见本书第17项研究）表明，父母在孩子很小的时候（1—3岁）所使用的表扬类型是预测孩子五年后思维的重要因素。其他有助于培养成长型思维的策略包括鼓励学生选择具有挑战性的任务、鼓励有益的自我谈话、专注于提升本领，而不是将自己与他人相比较。

对父母的启示

这项研究的结果强调了一个人的思维或许并不总是可见的。它是内在的，我们很难去准确猜测他人的信念。而他人的行为是更容易看到的。这表明，重要的不是父母怎么想，而是怎么做；重要的也不是父母的意图，而是行动。

任何旨在帮助孩子发展成长型思维的父母都应该记住积极应对挫折、失望和错误的重要性。

研究者总结说："仅仅教会父母成长型思维、期望他们会自然地将这种思维传递给孩子可能是不够的。相反，对父母的失败思维进行干预，可以教会父母有关失败究竟有什么好处，以及如何应对孩子的挫折的知识，从而保持孩子的动力和学习进程。"

这种类型的干预不仅可以引导孩子采取成长型思维，还可以通过重塑对失败的看法，直接帮助孩子提高毅力和心理弹性。

参考文献：Haimovitz, K., & Dweck, C. (2016). What predicts children's fixed and growth mind-sets? Not their parents' view of intelligence but their parents' views of failure. *Psychological Science*, 27(6), 859–869.

15 听音乐复习功课

研究概况

很多学生边听音乐边做作业和复习。其中，许多人信誓旦旦地说，听最喜欢的歌曲有助于学习。但实际上，这会帮助还是阻碍学习呢？还有一个问题很有趣——在学生复习的时候，所听音乐的不同类型会带来不同的影响吗？

为了回答这些问题，研究人员将不同年龄的学生分成四组：第一组安静地复习，第二组边复习边听喜欢（其歌词）的音乐［包括"单向组合"（One Direction）和凯蒂·佩里（Katy Perry）的歌曲］，第三组边复习边听不喜欢（其歌词）的音乐（包括非常沉重的激流金属乐队的歌曲），第四组边复习边听没有歌词的音乐。

之后，研究人员对参与者一直在复习的内容进行了测试，评估（音乐）环境对参与者注意力的影响程度。此外，他们还让学生预测自己做得如何并写下来。

主要研究结果

1. 考试中，在安静的环境下复习的学生比那些听有歌词的音乐复习的学生成绩要好60%以上。

2. 听没有歌词的音乐进行复习的学生比那些听有歌词的音乐复习的学生成绩更好。

3. 不论学生是否喜欢复习时所听的音乐，都没有什么区别。两者都导致了随后测试成绩的下降。

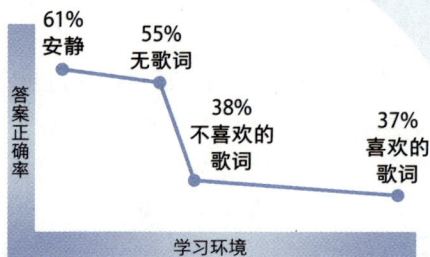

4. 在安静状态下复习的学生认为这样的环境不容易令人分心，并且能够准确地预测出自己会在随后的测试中取得更好的成绩。

答案正确率

- 61% 安静
- 55% 无歌词
- 38% 不喜欢的歌词
- 37% 喜欢的歌词

学习环境

A PARENT'S GUIDE TO THE SCIENCE OF LEARNING

🔗 相关研究

在完成某些任务时听音乐有一些众所周知的益处，比如带来极大的激励，或者改善情绪（例如，听一首最喜欢的歌曲往往会让人微笑）。这就是为什么很多人在健身房听音乐。然而，有证据表明，听音乐可能不利于学习。例如，在PowerPoint幻灯片中加入音乐并不能帮助学生更好地学习新的或复杂的材料。

认为音乐有助于学习的错误观点可能源于一系列被称为"莫扎特效应"（The Mozart Effect）的研究。这些研究的参与者似乎变得更聪明，在测试中表现更好。然而，进一步的研究表明，事实并非如此。虽然在任务开始前听音乐能让人感觉更好，但是在尝试学习新东西的同时听音乐并没有什么帮助。这是因为音乐，尤其是带歌词的音乐，会占用大脑的处理空间。这与你正在努力学习的材料相冲突，在记忆中制造了一个瓶颈，因为你没有多少空间来处理正在复习的内容了。

这项研究的作者来自卡迪夫城市大学，他们毫不怀疑地说："尽管人们喜欢某些抒情音乐，但这和听不喜欢的音乐一样，会对阅读理解产生不利影响。事实证明，没有歌词的音乐负面影响较小，但可以预料的是，在安静的环境下进行阅读理解效果最好。"

💡 对父母的启示

让孩子意识到学习时听音乐的陷阱非常重要。值得注意的是，这项研究发现，虽然学生认为安静的环境对其干扰较小、更有益处，但是许多学生在做作业时仍会继续听音乐。为什么会这样呢？这可能有很多原因，包括出于习惯而这样做，混淆了什么能改善情绪、什么能促进学习，减轻无聊感，其他人都在这么做。

因此，孩子不仅要知道他们需要学习什么，还要知道应该如何学习。孩子在学习的过程中，完全可以在某些时候听音乐，但绝不是在学习新的、复杂的材料时。俗话说，"沉默是金"。

参考文献：Perham, N., & Currie, H. (2014). Does listening to preferred music improve reading comprehension performance? *Applied Cognitive Psychology*, 28(2), 279–284.

16 邓宁-克鲁格效应

研究概况

1995年，麦克阿瑟·惠勒（McArthur Wheeler）在光天化日之下抢劫了美国的一家银行。后来被捕时，他竟难以置信，因为他错误地认为用柠檬汁抹在脸上，就能使他的脸在监控下隐形。康奈尔大学的研究人员贾斯汀·克鲁格（Justin Kruger）和大卫·邓宁（David Dunning）不仅从他的无能中，也从他的缺乏自我意识中得到了启发。他们进行了一系列的研究，以了解缺乏能力是否与低水平的自我意识有关。

在实验中，他们让参与者完成各种任务，然后评估自己的表现。这些任务包括讲笑话、逻辑推理和语法测试。最后，研究人员想看看能做些什么来帮助人们更准确地评估自己目前的能力水平。

主要研究结果

1. 大多数人倾向于高估自己的能力。这一倾向在能力最差的人群中最为明显。

2. 参与者越有能力，高估自己的程度就越低。

3. 已经在一系列能力中发现了邓宁-克鲁格效应，包括逻辑推理、语法和考试成绩。

4. 唯一倾向于低估自己能力的群体正是那些最有能力的人。通常称之为"专业知识（带来）的负担"。

5. 通过培训和研讨会来提高人的元认知技能，经证实，能够提高其自我评估的准确性。

相关研究

这项研究似乎印证了许多历史上的著名人物所知道的道理。苏格拉底宣称，"我所知道的一件事就是我一无所知"；查尔斯·达尔文（Charles Darwin）指出，"无知比博学更容易让人产生自信"；威廉·莎士比亚（William Shakespeare）在《皆大欢喜》（*As You Like It*）中写道，"愚者总自以为是，智者则有自知之明"；托马斯·杰斐逊（Thomas Jefferson）曾说过，"一个人掌握的知识愈多就愈了解自己懂得太少"。的确，卢克·天行者（Luke Skywalker）也在《星球大战》（*Star Wars*）中指出，黑暗面的过度自信导致了死星的爆炸。

为什么人们不能更好地认识到自己的无能，尤其是在经历了多次失败的情况下？研究表明，人们可能会将失败归因于外部因素，诸如运气或环境，以此来保护自尊。作为短期保护自尊的策略，这也许还不错，但不幸的是，它对于长期的学习而言毫无用处（见本书第22项研究），尤其是涉及失败对一个人发展的重要性时（见本书第77项研究）。

对父母的启示

这项研究对父母有3个重要的启示。

第一，要警惕做任何事都宣称自己有百分之百自信的人（见本书第37项研究）。事实上，该研究的作者指出，"无能会使他们做出错误的选择，也剥夺了其认识到自己或他人无能所必需的悟性"。

第二，如果孩子想提高自己的技能水平，了解当前的能力水平至关重要。如果孩子对自己的能力水平评价过高（见本书第62项研究），就不太可能去思考如何提高并做得更好。

第三，也是最后一点，我们必须找到一种良好的平衡，既能帮助孩子了解自己目前的水平，又不妨碍其学习动机。如果孩子认为自己的能力已经确定且不会改变，就不太可能付出额外的努力。事实上，研究表明，有这种固定型思维的孩子会更快放弃，他们面对转变的能力更差，应对能力更差，通常成绩也更差。

参考文献：Kruger, J., & Dunning, D. (1999). Unskilled and unaware of it: How difficulties in recognizing one's own incompetence lead to inflated self-assessments. *Journal of Personality and Social Psychology*, 77(6), 1121.

17 父母的表扬

研究概况

研究人员在3年的时间里观察了53名1—3岁的儿童与其父母的互动。他们记录了互动中父母表扬孩子的次数，并将其分为"过程表扬""个人表扬"和"其他"。过程表扬侧重于表扬孩子的努力和策略，比如"你一定非常努力"或者"我真的很喜欢你这样做"；个人表扬的定义是围绕一个固定的积极品质进行表扬，例如"你真聪明"或"好女孩"。

几年后，当孩子们7—8岁时，研究人员再次进行调查，询问孩子们的学习态度以及激发其动力的因素。然后，研究人员比较了孩子们几年前得到的表扬类型，看是否存在任何关联。

A PARENT'S GUIDE TO THE SCIENCE OF LEARNING

主要研究结果

1. 对于7—8岁的儿童来说，如果他们在1—3岁时因为过程、策略和努力得到表扬，则更有可能拥有成长型思维，乐于接受挑战，重视努力工作，并且能够制定改进的策略。

2. 父母使用的表扬类型是在孩子14个月大的时候确定的，并且在接下来的2年里一直持续下去。

24.4%

10.3%

3. 男孩和女孩得到的总体表扬数量相仿，但是男孩得到的过程表扬比女孩多得多。对男孩的表扬中有24.4%是以过程为中心的，而对女孩的表扬中只有10.3%是针对过程的。因此，5年后，男孩更有可能拥有成长型思维。

4. 父母的思维不一定会影响孩子的思维。最密切相关的是父母使用的表扬类型。正是这些互动最能影响孩子的思维。

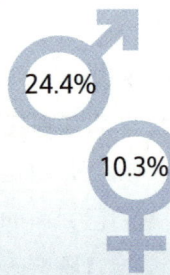

相关研究

其他几项研究表明，表扬一个孩子的努力和策略可能有助于培养其成长型思维以及自己可以提高的信念（见本书第5项研究）。这是因为孩子可以学习和获得新的策略，从而在逆境中促进更有弹性的思维的培养。

还有一些研究（见本书第14项研究）着眼于检验父母思维和孩子思维之间的关系。研究人员发现，孩子遭遇挫折时父母的反应会对孩子产生很大影响。那些把挫折视为学习和提高的机会，而不是对孩子能力的负面评价的父母，其孩子更有可能形成成长型思维。

这项研究发现，男孩得到了更多的过程表扬，因此更有可能拥有成长型思维。这一发现很有趣，因为其他研究的结果不尽相同。一些报告说，男孩和女孩在成长型思维方面没有区别；而其他研究发现，女孩更容易将失败归因于固定因素，而不是可以改变的因素。一些研究还观察了（孩子针对）具体学科的思维方式，发现年轻女孩比年轻男孩更容易相信她们在数学和科学学科中的能力是固定且有限的。

对父母的启示

这项研究的作者来自芝加哥大学和斯坦福大学，他们指出，"父母表扬类型的不同会影响孩子的动机结构，我们的发现印证了这一点，这种影响的根源可以追溯到幼儿时期"。这似乎表明，反思我们对年幼的孩子使用的表扬类型会很有帮助。

同样令人关注的是父母表扬的重要性。在评论这一点时，作者还说，"鉴于孩子可能会在周围环境中受到许多成年人的表扬，值得注意的是，（研究观察到）在亲子互动的细微片段中出现的表扬，为孩子如何发展成长型思维提供了深刻的见解"。很明显，孩子们从父母那里听到的话在父母说出来很久之后还会引起共鸣。

参考文献：Gunderson, E., Gripshover, S., Romero, C., Dweck, C., Goldin-Meadow, S., & Levine, S. (2013). Parental praise to 1–3 year-olds predicts children's motivation framework 5 years later on. *Child Development*, 1–16.

18 努力会效仿

研究概况

我们如何让学生更加努力地学习？旁边的人对你工作的努力程度有什么影响？如果他人努力工作，是否会鼓励你也同样努力？

研究人员让38名学生两人一组在电脑上玩反应时间游戏。有时任务在同一个屏幕上，有时任务在彼此相邻的不同屏幕上；有时能看到同伴在做什么，有时却看不到。

研究人员暗中控制了这个游戏，两个学生中有一个人的任务更困难，这使其更加努力地执行任务。之后，研究人员来衡量这对组内另一位成员的影响。

主要研究结果

1. 如果旁边的人都在努力学习，学生则更有可能在一项任务上更加努力。

2. 即使一个学生看不到另一个学生在做什么任务也没关系。如果另一个学生努力学习，仍然会鼓励他人也这样做。

为什么会这样？

这可能是由于从众效应，也就是说人们会接受周围人的行为。另一个可能的原因是人们本能地需要模仿周围的人（例如，如果你旁边的人打哈欠，你很可能也会打哈欠）。还有一个可能的原因是，作为人类，我们非常在意别人对自己的看法，想要给人留下好印象。

相关研究

一百多年前，在运动心理学领域首次出现的一项相关研究发现，如果有人观看，选手在自行车器械上就会骑得更快。在此基础上，其他研究发现，那些简单的或已娴熟掌握的技能，如果在别人面前完成，则会表现得更好。

然而，一项有趣的研究发现，在拔河比赛中，每加入一个人，都会让队伍中的成员减少投入的力气。这就是所谓的"社会懈怠"，究其原因，是人们相信别人会弥补这种懈怠。

因此，他人可以促使我们更加努力地工作，并提高我们的表现——如果他们也在努力工作并且我们知道有人在追踪自己的表现。

对父母的启示

其他研究表明，在有选择的情况下，人们会选择不需要付出大量努力的环境。这表明，当孩子独立学习时，可能会默认自己需要保存能量，而不是消耗能量。

这对于孩子决定和谁一起做家庭作业或复习产生了一些有趣的影响，因为有证据表明，与一个更努力的人一起学习会鼓励孩子提升他们的表现（见本书第60项研究）。他们最喜欢的朋友可能不是帮助他们达到最佳学习状态的人。来自汉堡大学和布鲁塞尔大学的研究人员简明扼要地总结了这一发现，他们指出，"只需在一个学习非常努力的人旁边进行学习任务，就会促使你也同样努力"。

参考文献：Desender, K., Beurms, S., & Van den Bussche, E. (2016). Is mental effort exertion contagious? *Psychonomic Bulletin & Review,* 23(2), 624–631.

19 天赋偏见

研究概况

我们更敬畏的是天赋还是努力？许多教育界和体育界人士都非常重视坚持和心理弹性的重要性，但我们都悄悄怀有"天赋偏见"吗？

研究人员进行了一项研究，他们为一些音乐家播放了两段音乐并告诉他们：第一段音乐的演奏者是"天生派"，很早就显现出了天赋；第二段音乐的演奏者是"奋斗派"，有着很强的动力和决心。

事实上，这两段音乐都来自同一位专业音乐家。接下来，参与研究的音乐家们开始评价哪一段音乐更好听，以及哪一段音乐的演奏者将来会有更好的职业发展。

主要研究结果

1. 尽管听到的是同一位音乐家演奏的音乐，参与者仍认为"天生派"比"奋斗派"更有才华，更有可能成功，是加入乐团的最佳选择。

2. 在实验开始的时候，参与者表示努力工作和训练是音乐家成功的关键。这一观点得到了更多专业音乐家的认可。然而，研究发现，与经验较少的同行相比，专业音乐家对"天生派"音乐家的印象更为深刻。

3. 当被问到如果可以再听一遍，想听哪一位演奏者的音乐时，参与者选择了"天生派"，并对其能力给予了更高的评价。

🔗 相关研究

与"天赋效应"（The Natural Talent Effect）相似的认知偏见是"晕轮效应"（The Halo Effect）。当人们评估某人的第二件作品时，会受到其最初积极表现的影响。

研究发现，给学生的第一篇作业打高分的老师，更有可能在学生第二篇毫无关联的作业中给予更高的分数。

研究指出，可以用匿名的方式来避免这种"晕轮效应"。有证据表明，在音乐领域进行盲试和在求职申请中采用匿名简历有助于克服这种错误的思维。也有建议说，若是对学生的课业采取类似的措施，或许有助于缓解学校中的"晕轮效应"。

💡 对父母的启示

这项研究来自哈佛大学，它为人们如何看待天赋带来了有趣的启示。正如该研究的作者所指出的，"识别天赋的能力几乎和天赋本身一样复杂"。如果人们被天赋所吸引，就可能会将那些早期表现出较高能力的人挑选出来，给予更多或特别的关注。这是有问题的，最近的一项研究也表明，孩子在小学的表现与他们出生的月份密切相关。这意味着，由于受年龄的影响，一些小学生可能会显得比同一年级的其他学生更有才华。当学生从高中毕业时，这种影响几乎完全消失了。

这项研究提出的另一个问题是，如何帮助孩子发展他们的能力。如果我们嘴上说要重视勤奋和努力，但实际行动却在重视天赋，孩子就很可能捕获这一信息。如果孩子相信他们将总是落后于那些"天才"同龄人，并因此认为勤奋和努力无关紧要，那么，他们就不太可能去付出努力并展现其心理弹性。

参考文献：Tsay, C. J., & Banaji, M. R. (2011). Naturals and strivers: Preferences and beliefs about sources of achievement. *Journal of Experimental Social Psychology*, 47(2), 460–465.

研究概况

　　研究人员考察了不同的学习策略对学生学习效果的影响。其中一种策略是"提取练习",又称"测试效应"(The Testing Effect),它描述的是必须给出问题答案的行为。

　　研究人员测试了这种策略在阅读关键段落时,与简单地阅读和重读相比的实际效果。除了比较最终考试成绩,研究者还测试了在学生心中,不同策略的有效性,以及在运用不同策略复习时,复习课的趣味性。

主要研究结果

　　1. 如果最终考试时间是在2—7天后,那么在每个学习周期之后进行了一次提取练习的学生比那些在两个学习周期内只进行阅读的学生成绩至少要好30%。

　　2. 需要记住的信息越长,"测试效应"就越有效。

　　3. 需要记住的信息越长,阅读的效率就越低。

　　4. 学生更有可能认为重读比提取练习更有效。然而,主要使用提取练习的学生比在复习时仅仅阅读和重读的学生多记住了50%以上的知识。

　　5. 与仅仅阅读材料的学生相比,运用提取练习进行复习的学生发现复习更加有趣。

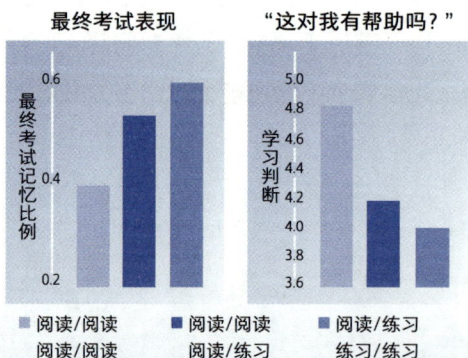

最终考试表现

最终考试记忆比例

0.6
0.4
0.2

■ 阅读/阅读
阅读/阅读
■ 阅读/阅读
阅读/练习
■ 阅读/练习
练习/练习

"这对我有帮助吗?"

学习判断

5.0
4.8
4.6
4.4
4.2
4.0
3.8
3.6

对于提取练习益处的研究已经进行了100多年。人们发现，在紧张的情况下，比如参加期末考试时（见本书第61项研究），提取练习的益处就更大。其他研究证实，在测试后即时提供反馈可以进一步加大这些优势，也有助于学生发现自己知识中的潜在差距在哪里。

还有研究表明，学生为考试而学习时，模拟考试的环境，会进一步提高学生在期末考试中回忆信息的能力。从本质上说，练习回忆信息提高了我们的信息回忆能力。

这项研究发现，学生错误地认为重读比提取练习更有效，这既有趣又令人担忧。不过，如果学生在学习时主要打算采用阅读的方式，另一项研究（见本书第29项研究）表明，他们应该大声在没有噪音的环境中读出来（见本书第63项研究）。

对父母的启示

这项来自华盛顿大学的研究结果对于父母如何帮助孩子学习考试相关的关键知识有着重要意义。研究表明，除非父母教授孩子最佳的学习策略，否则他们可能会选择无效的策略，而牺牲更有效的策略。

研究人员还提到了定期使用提取练习的另一个重要好处，即"频繁的测试可以让学生分散使用他们的学习精力"。这也支持了一项现有的研究，该研究表明，与集中学习（即死记硬背）相比，间隔学习会带来更大的记忆量和更强的回忆能力。因此，父母不仅要清楚地使孩子了解学习的重要性，还要教会他们如何更有效地学习。

这项研究的结果再清楚不过了。测验和测试不仅仅可以衡量学习效果，它们实际上也有助于加速学习进程。

参考文献：Roediger III, H. L., & Karpicke, J. D. (2006). Test-enhanced learning: Taking memory tests improves long-term retention. *Psychological Science*, 17(3), 249–255.

研究概况

在心理学上最具代表性的一项研究中，研究人员要求参与者对着录音机用五分钟的时间说出自己的想法。

研究者要求他们不要去想白熊。每当参与者想到白熊或说出"白熊"这个词的时候，都要按铃。

主要研究结果

1. 尽管参与者试着不去想白熊，每分钟还是会至少想一次。

2. 当参与者说完一句话或沉默的时候，最有可能想到白熊。

3. 试图不去想某件事会让人更有可能去想那件事，这就是众所周知的"反弹效应"（The Rebound Effect）。这是因为人们过于关注自己想要抑制的想法。

4. 研究人员让一些参与者专注地去想一辆红色的汽车，以此来代替不要去想白熊的想法。这批参与者表现得更好。虽然他们仍然很可能会想到白熊，不过比起那些简单地想"不要去想白熊"的人，他们身上体现的反弹效应更小。

对人们想要停止思考某些事情的考察，可以追溯到19世纪末西格蒙德·弗洛伊德（Sigmund Freud）的研究。此后，进一步的研究表明，我们忽视想法和信息的能力并不是很好。例如，研究认为，陪审团会受到法官告知其要忽略的信息的影响。同样，其他研究表明，试图压抑事件中产生的负面情绪的人，在以后的生活中更有可能遭受负面的心理及生理后果。

除了在这项研究中所使用的思维分散技术，其他研究还发现，说"停"这个词可以有效地终止思路。这有助于人们管理挫败感、克服紧张、改善睡眠，不再纠结于最糟糕的情况。人们可能无法控制脑海中浮现的第一件事，却可以控制随后的想法和行动。

对父母的启示

这项研究来自三一大学和得克萨斯大学，其结果表明，即使努力不去想一些事情，这件事并非不可能，它也很难做到。正如作者所指出的，"抑制一种思想需要一个人：（1）计划抑制这种思想；（2）通过抑制思想的所有表现形式来执行该计划，也包括最初的计划"。然而，许多孩子会在面临压力时尝试这种策略，比如公共演讲或考试。他们可能会受到父母的影响——父母出于良好的意图，会对他们说"不要着急""不要含糊其词""不要误解问题"等。但矛盾的是，这种想法会让那些"不要"的事情更容易发生。

这项研究的结论是，"思想抑制是困难的，因为没有重点就很难思考"。事实上，试图抑制思想往往反而会导致人们专注于原本想要避免的想法。这项研究表明，最好专注于你想要实现的事情，而不是想要避免的事情。例如"慢慢来""说清楚""把问题读两遍"等等。言下之意很明显——别去想"不要"做什么。

参考文献：Wegner, D., Schneider, D., Carter, S., & White, T. (1987). Paradoxical effects of though suppression. *Journal of Personality and Social Psychology*, 53(1), 5–13.

研究概况

人们是否会为了夸大对当前成就的感受而降低对过去自我的评估？研究人员对此进行了调查。研究名为"从傻瓜到冠军：人们对过去和现在的自我评估"，这确实引人入胜。

主要研究结果

1. 人们对现在自我的描述比对过去自我的描述更满意。

2.（未成年）学生和成人都会批评过去的自我，以此来赞美现在的自我。

3. 过去的自我和现在的自我之间差距越大，人们就越有可能去批评过去的自我。

4. 参与者相信，即使没有实际的改善，现在的自我也比过去的自我更好。

5. 人们很可能认为自己的人格特质得到了改善。然而，这一观点对其认识的人来说并不适用——参与者更有可能说其他人一切照旧。

6. 一项技能对某人越重要，他（她）就越有可能相信，随着时间的推移，自己的这项技能已经提高了。

相关研究

这项研究的结果支持了之前的研究，即人们更有可能认为自己现在比过去更幸福。事实上，人们对时间的感知非常奇怪，通常对事件开头和结尾的印象非常深刻（见本书第76项研究）。

其他研究表明，我们越是自我感觉良好，就越有可能以牺牲过去的自己为代价来赞美现在的自己。这有助于我们提升当下的自我价值，让我们远离怀疑、担忧和紧张。

大量研究发现，大多数人认为自己的技能和品格高于平均水平。确实，西方文化经常鼓励人们高度评价自己。然而，通过批评过去的自我，人们就能够提升现在的感觉，而不必真正变得更好，或者在证据面前承认自己并无变化的现实。这类似于邓宁-克鲁格效应，即能力低下通常会导致一个人夸大自己当下的能力（见本书第16项研究）。

对父母的启示

能够准确评估一个人当前的能力水平是学习的一个基本部分。它为所有的学习提供了平台。如果你的孩子认为他们的进步只是基于对过去的消极看法，那么这可能会影响他真正变得更好的动机。正如该研究的作者所指出的，"评估以前的自己不如现在，人们就可以判断自己正在进步"。

研究者还表示，"正如广告商创造性地运用证据，不断展示'新的和改进的'产品一样，个人也可能重新包装和修正自己，以突出重要方面的改进"。这在短期内，可能会增强信心。不幸的是，这种信心并不十分稳固、持久。帮助孩子感到自信的最好方法是提高他们的知识和技能，从而完善能力。

参考文献：Wilson, A., & Ross, M. (2001) From chump to champ: People's appraisals of their earlier and present selves. *Journal of Personality and Social Psychology*, 80(4), 572–584.

23 多问为什么

研究概况

如果我们想让学生记住关键事实，应该直接将信息告诉学生，还是告诉学生信息并解释原因，抑或告诉学生信息并让其思考原因？

为了回答这个问题，研究人员将学生分成了三组。一组学生读了一系列句子，比如"这个饥饿的人上车了"。另一组会读到这些句子及其解释（例如，"这个饥饿的人上车去了餐馆"）。最后，其余学生阅读这些句子，然后需回答"他为什么要这样做"。

主要研究结果

1. 仅仅阅读句子的学生平均能正确回忆起其中37%的句子。

2. 阅读了句子和解释的学生能正确回忆起35%的句子。

3. 然而，看到句子并给出自己的解释（例如问自己"他为什么要这样做？"）的学生，能够回忆起71%的句子，这令人印象深刻。

正确句子的百分比

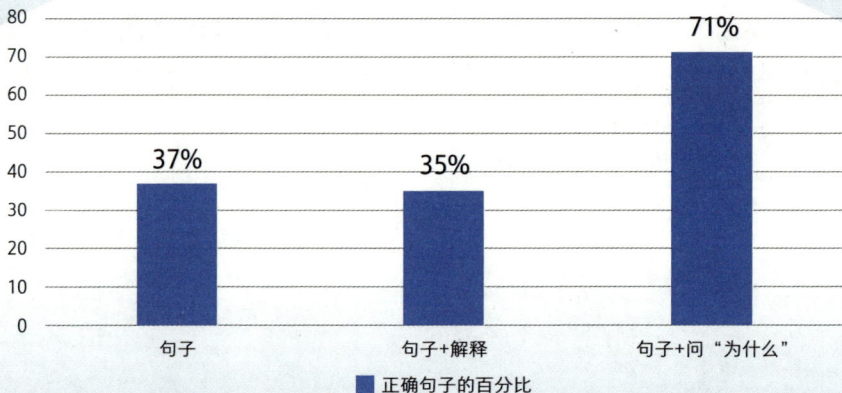

- 正确句子的百分比

🔗 相关研究

越来越多的研究发现，学生自己思考和处理的信息越多，就越有可能记住这些信息。这就是为什么那些必须通过问自己"为什么会这样"来得出答案的学生，比那些得到解释的学生表现得更好。心理学家称这种技能为"精细探询"。最近一项非常全面的综述发现，这是学生可以用来提高记忆力的非常有效的策略之一。

另一项研究也调查了为什么问"为什么会这样"或者"为什么对X来说是这样，而对Y来说不是这样"是有益的。因为这或许能激起好奇心，有助于将新信息与已有知识联系起来。反过来，这会将新信息根植到长期记忆中。

💡 对父母的启示

问自己"为什么"的技能可能更适合某些学生。例如，来自圣母大学、明尼苏达大学和西安大略大学的研究者指出，"缺乏相关知识的新手通常不会自动将新遇到的关联信息与现有信息联系起来，使关联信息的含义更容易理解，从而使材料更容易记忆"。

这表明，精细探询对于那些已经拥有广泛而深刻的知识的学生来说可能特别有效，或者可以在（学生）学习了大量知识后，作为一种最终的学习技能。

这项技能的益处是，它意味着父母可以帮助他们的孩子复习，即使他们对复习的主题不是很了解。这是因为我们不需要在孩子学习的时候为他们提供所有的答案，相反，我们只需要问他们一些问题，促使他们对这个话题进行更深入的思考就可以了。

参考文献：Pressley, M., McDaniel, M. A., Turnure, J. E., Wood, E., & Ahmad, M. (1987). Generation and precision of elaboration: Effects on intentional and incidental learning. *Journal of Experimental Psychology: Learning, Memory, and Cognition*, 13(2), 291.

研究概况

　　所有人都要睡觉。只有少数人有充足的睡眠，而大多数人都想多睡一会儿。平均来说，我们一生要花20多年的时间来睡觉，但是睡眠的益处仍然没有得到充分的重视。尽管美国国家睡眠基金会（The National Sleep Foundation）建议青少年每晚进行多达10小时的睡眠，但许多青少年报告说其睡眠时间少于7小时。

　　研究人员回顾了睡眠发挥的许多不同功能，以及睡眠对学生记忆、情绪调节和心情的重要性。研究结果证实了睡眠是思维和学习过程的基本组成部分。

主要研究结果

　　1. 学习前晚上睡个好觉可以让学生更有效地建立新的记忆连接。这就是众所周知的"信息编码"能力。

　　2. 睡眠不足会阻碍学生培养将所学知识存入记忆的能力。我们称之为无法"整合信息"。

　　3. 当睡眠不足时，人们更容易忘记积极的记忆。而消极的记忆正好相反，疲劳的学生更容易记住和回忆起这些消极记忆。

　　4. 过度的睡眠不足更可能会使学生表现出消极情绪、压力感以及无法控制情绪。

🔗 相关研究

这篇综述证实了其他关于睡眠的研究发现。有证据表明，睡眠的质量和时长除了与记忆、心情和情绪控制有关，还与集中注意力的能力密切相关。这可能是研究发现学生的睡眠时间与其取得的成绩相关的部分原因。尽管睡眠很重要，但是父母往往不知道他们的孩子睡了多长时间（见本书第72项研究）。

其他研究发现，晚上睡个好觉还与创造力和洞察力有关。如果参与者前一天晚上睡得好，那么其发现隐藏的诀窍来完成谜题的可能性就会增加两倍。另一项研究还发现，由于睡眠会代谢掉白天积累的毒素，睡眠不足或睡眠不规律的青少年更容易生病。

💡 对父母的启示

告诉孩子睡眠的必要性是至关重要的，因为许多人可能不知道睡眠有多重要。这项研究的作者来自加州大学，他们在论文的结尾总结道，"当你遇到麻烦时，上床睡觉，早上起来时会感觉更好"。似乎通过这样做，孩子也更有可能回忆起以前所学，更愿意在未来学习更多知识。

除了告诉孩子睡眠的重要性，父母还需要告诉他们常见的睡眠误区有哪些。包括每天晚上在不同的时间上床睡觉（因为这会扰乱身体内部的生物钟），以及白天小睡的时间过长。其他睡眠误区还包括睡觉前看电视和玩手机。

目前深夜使用手机的现象尤其普遍，一项研究表明，深夜发短信或打电话可以使人的情绪、自尊和应对能力下降。有证据表明，青少年比成年人更难控制自己的大脑，这意味着青少年可能会受益于他人（即父母）最初为他们所做的决定。

参考文献：Walker, M. P., & van Der Helm, E. (2009). Overnight therapy? The role of sleep in emotional brain processing. *Psychological Bulletin*, 135(5), 731.

25　学习时少用手机

研究概况

　　手机是日常生活的一部分。它能把人们联系起来，也能成为出色的学习工具。大多数人在一天中的大部分时间都会把手机放在身边。但是手机有不好的一面吗？手机仅仅出现在视线中，是否就会对学生的表现产生负面影响？

　　为了回答这个问题，研究人员让学生完成一项需要集中注意力的任务，并在邻近的桌子上放一部手机或一个记事本。学生在实验过程中并未使用手机——手机只是被放在他们的视线范围内。

　　为了收集更多信息，研究人员让学生完成了一系列有关自己的问卷调查，还进行了两次实验：一次桌子上放着的是别人的手机，另一次是自己的手机。

主要研究结果

　　1. 仅仅是把一部手机放在那里就导致学生注意力、专心程度和完成复杂任务（即学生必须进行认真思考的任务）的表现下降了20%。

　　2. 不论学生在旁边看到了自己的手机还是他人的，他们都会在这些任务中表现较差。

　　3. 研究发现，不论学生的性别、年龄、使用手机的频率以及对手机的依恋程度如何，他们的表现确实都会下降。

🔗 相关研究

心理学研究已经充分证明了过度使用手机要付出诸多代价。例如，研究表明，上课玩手机的学生成绩会越来越差，而那些过度使用手机的学生则表现为压力更大、更焦虑、更害怕遗漏（知识）。学生的成绩也与其使用手机社交和发短信的频率呈负相关。

关于深夜使用手机的影响，已经有了大量的研究。在深夜每次使用手机超过20分钟的人汇报说每晚睡眠时间较少，睡眠质量较差。其他研究（见本书第71项研究）也发现幸福感、饮食质量和注意力的下降与所有花在屏幕上的时间（即花在手机、电视、平板电脑和台式电脑上的时间）有关。

💡 对父母的启示

在最近的一项调查中，81%的人表示他们从来不关机。因此，即便不使用，在日常生活中把手机放在身边也是很常见的。但是这样做的代价是什么呢？当手机在附近时，学生的注意力就会下降。但是正如这项研究的作者所指出的，"手机所产生的分散注意力的影响，在简单的任务中没有体现，但是在复杂的任务中很明显"。

为什么会这样呢？这项研究的作者来自南缅因大学，他们的研究结论是，"当存在的刺激（这些刺激可能会引发与任务无关的想法）较少时，保持对于任务的注意力更容易"。由于学习需要较高的注意力，我们有理由认为学生不应该边看手机，边学习。眼不见，心为净。

考虑到这一点，也许我们应该在孩子面前表现出理想行为（不看手机）。由于总是看到身边的成年人在玩手机，他们很可能会效仿这一行为。

参考文献：Thornton, B., Faires, A., Robbins, M., & Rollins, E. (2014). The mere presence of a cell phone may be distracting. *Social Psychology*, 45(6), 479–488.

研究概况

　　著名的"棉花糖测试"发现，能够延迟满足（也就是说，现在为了未来的回报而努力学习）的学生在学校和生活中表现更好。在这项测试中，研究人员给孩子一个棉花糖并告诉他们，可以立刻吃掉它，也可以等一等再吃。如果选择等一等，则可总共获得两个棉花糖。研究人员用孩子推迟吃第一个棉花糖的时间来衡量延迟的满足感。

　　但是，如果孩子不信任给他们指示的成年人呢？研究人员将孩子分成两组。在孩子选择马上吃棉花糖还是等一等获得另一个之前，让他们看到（负责指示的）成年人违背诺言（因此显得不可靠），或遵守诺言（表现可靠）。之后，测量了不同孩子在吃第一个棉花糖之前等待的时间。

主要研究结果

　　1. 认为（负责指示的）成年人不可靠的孩子在吃棉花糖之前平均要等大约3分钟。

　　2. 认为（负责指示的）成年人可靠的孩子在吃棉花糖之前平均要等12分钟以上。

　　3. 在之前见过（负责指示的）成年人不可靠的14个孩子中，只有1个孩子能等上整整15分钟。而在之前见过（负责指示的）成年人遵守诺言的14个孩子中，有9个孩子能够等待整整15分钟。

　　4. 看到某人说谎或信守承诺影响了所有学生延迟满足的能力。不论年龄和性别，都是如此。

这项研究提高了我们对延迟满足的理解。在这项实验之前，研究主要强调个人的等待能力（见本书第11项研究）。事实上，在没有考虑（负责指示的）成年人可靠性因素的研究中，孩子在屈服于棉花糖的诱惑之前，平均等待的时间约为6分钟。而在此实验中，在（负责指示的）成年人可靠的前提下，孩子等待的时间为以上时间的两倍（12分钟）；若（负责指示的）成年人不可靠，孩子等待的时间为以上时间的一半（3分钟）。

其他研究发现，少年儿童对未来的不确定性特别敏感。因此，有理由认为，如果孩子不相信自己会因为延迟满足而得到之后的奖励，那么就不会去等待。正如该研究的作者所指出的，"只有当你相信，在合理的短暂等待后，第二个棉花糖可能真的会出现，并且没有被人拿走的风险时，等待才是理性的选择"。

该研究的作者总结说，"我们证明了儿童等待更大的奖励（而不是迅速接受更小的奖励）的持续决定受到环境可靠性（在该实验中指的是研究人员口头保证的可靠性）的强烈影响"。如果可靠性是儿童培养延迟满足能力的一个重要中介，父母则必须考虑可以采取哪些措施来帮助他们与孩子建立信任，创造一个持续稳定的环境（见本书第64项研究）。

措施应具有一致性和清晰性。如果孩子清楚地了解了对自己的期望、规则以及后果，那么模棱两可和疑惑不定就会减少。同样，持续、定期地执行这些规则将有助于确保父母的可靠性。孩子可能不总是同意你所说的话，或者总是喜欢你所做的事，但是他们会更信任你。

071

如何科学地帮助孩子学习

参考文献：Kidd, C., Palmeri, H., & Aslin, R. N. (2013). Rational snacking: Young children's decision-making on the marshmallow task is moderated by beliefs about environmental reliability. *Cognition*, 126(1), 109–114.

27 记笔记

研究概况

你有没有想过学生在上课时应该做笔记还是完全专注于老师所讲的内容？学生课前对学习材料有所了解会对学习产生影响吗？对于不同类型的学习方式来说，某些笔记是否比其他的更好？30多年前加利福尼亚大学进行的研究已经全面回答了这些问题。

主要研究结果

记笔记与不记笔记

1. 在一节课中，与完全不记笔记的学生相比，记笔记的学生在课后的解题测试中成绩要好12%。

2. 然而，不记笔记的学生在回忆事实、统计数据和引用问题上略胜一筹。

笔记类型

在后续研究中，与那些只在课堂上做笔记的学生相比，在课程结束或每个主题的讲授结束时做总结笔记的学生在解题测试上的表现要好10%—15%，在回忆事实上的表现要好13%—17%。

哪些学生从记笔记中获益最大

研究发现，做总结笔记对已经熟悉课堂话题的学生和不熟悉课堂话题的学生都有好处。

A PARENT'S GUIDE TO THE SCIENCE OF LEARNING

这些结果支持了大量现有的关于记笔记的研究，有证据表明，记太多笔记会分散注意力，使工作记忆超负荷。这也许解释了为什么记总结笔记的学生比在整个课程中一直记笔记的学生表现得更好。

现在，许多学生在笔记本电脑上记笔记，不用纸和笔，这已经是司空见惯的事了。然而，最近的一项研究（见本书第59项研究）发现，用电脑记笔记的学生更有可能逐字逐句地抄写课堂内容而不加思考。而那些用纸和笔记录的学生更有可能选择性地写下关键部分，改写成自己的话。这可能在加强记忆方面起到关键作用。

用自己的话记笔记的另一个好处是，它增加了（学生）与所记内容建立情感联系的机会。研究表明，一段记忆越能引起强烈的情感共鸣，就越有可能被储存在长期记忆中。

对父母的启示

记笔记可能是一把双刃剑。如果方法正确，则可以帮助孩子在课堂上集中注意力，排除干扰。笔记还记录了课上所讲内容，供孩子稍后参考。除此之外，正如研究人员指出的，"记笔记能鼓励学生积极地在（课堂）所呈现的知识和他们已经掌握的知识之间建立外部联系"。

然而，如果方法不正确，也会带来损失。笔记记得过多会占用宝贵的信息处理时间，分散孩子听课的注意力。这使得孩子不停地追赶。一字不差地实时记下所有内容，孩子就没有充足的时间去思考和琢磨，将老师所讲的内容与现有的知识和经验联系起来。

记一些总结性笔记有助于提高注意力，记录所讲内容，同时还强调了充分倾听并反思老师在课堂上所讲内容的重要性，这是最明智的策略。

参考文献：Peper, R. J., & Mayer, R. E. (1986). Generative effects of note-taking during science lectures. *Journal of Educational Psychology*, 78(1), 34–38.

073

28 冒充者综合征

研究概况

"冒充者综合征"（Impostor Syndrome）描述了这样一种想法：你没有别人认为的那么有才华，成功是运气使然，总有一天，你能力的不足将会暴露在每个人面前。有趣的是，经常是成功人士会遇到这种情况。

最初的研究者是两位觉得自己就像是骗子的心理学家。她们想探索冒充者综合征的特征，以及可以采取哪些措施来控制和克服它。

主要研究结果

1. 冒充者综合征与以下因素有关：

◇ **神经质**

恐惧和担忧加剧

◇ **完美主义**

不现实或无法达到的目标

◇ **低效能感**

怀疑自己的能力

2. 在大多数情况下，患有冒充者综合征的人更有可能以一贯消极的方式来评价自己。

20%

3. 研究发现，有20%的人患有冒充者综合征，对男性和女性的影响几乎相同。

4. 社会支持在减轻冒充者综合征的影响方面发挥着重要作用。

A PARENT'S GUIDE TO THE SCIENCE OF LEARNING

相关研究

研究发现，冒充者综合征与抑郁症和心理健康下降有关。有趣的是，在其他研究中，冒充者综合征的患病率甚至高于本研究报告中的，一份杂志报道称，研究发现43%的学生有冒充者综合征倾向。

本项研究发现，男性和女性受到相同程度的冒充者综合征影响，这很有趣，因为它与之前的研究结论相矛盾——在之前的研究中，冒充者综合征在女性中更常见，尤其是高成就的女性。事实上，最近的一项调查发现，与同龄的男学生相比，女学生更不太可能称自己"勇敢"；另一项研究发现，年轻女性对进入职场缺乏信心。

其他研究集中在哪些发展因素导致了冒充者综合征上。这些因素包括家庭矛盾、父母控制过度、过度重视高分（这是不健康的且会对孩子造成困扰），以及（孩子）对失败的高度恐惧。

对父母的启示

那么，父母能做些什么来帮助孩子呢？研究者指出，"尽管有大量的客观证据表明事实恰恰相反，比如卓越的学术成就和成功的职业经历，但这些人（被冒充者综合征影响的人）仍无法内化和接受成功的经验"。因此，关键是要花时间帮助孩子意识到自己做了哪些于成功有益的事情，帮助他们学会享受自己劳动的成果。研究中详述的另一个策略是确保孩子能够鉴别和利用周围的社会支持。

不断感觉自己是个冒充者可能会导致孩子在紧张的状态下无法展现自己，如参加校园戏剧的试镜或体育队的选拔赛等。帮助孩子培养坚定自己信念的勇气，走出舒适区——这是一项生活技能，会让孩子在毕业多年后依然受益。

参考文献：Vergauwe, J., Wille, B., Feys, M., De Fruyt, F., & Anseel, F. (2015). Fear of being exposed: The trait-relatedness of the impostor phenomenon and its relevance in the work context. *Journal of Business and Psychology*, 30(3), 565–581.

29　大声朗读

研究概况

苏斯博士（Dr. Seuss）曾评论说，"你读的书越多，知道的东西就越多；你学习得越多，去到的地方就越多"。但有没有一种方法可以让你读得更好，也就是说，更容易记住所读的内容？

研究人员进行了一项研究，让学生以四种不同的方式学习一组单词。一组大声朗读，一组默读，一组听自己读单词的录音，一组听他人读单词的录音。

主要研究结果

1. 研究人员发现，从最有效到最无效的学习方式分别是：

◇ 通过大声朗读来学习
◇ 通过听自己读的录音来学习
◇ 通过听他人的录音来学习
◇ 通过默读来学习

2. 大声朗读和听自己的录音这两种学习方式之间的效果差距非常小，使用这两种方式的学生在期末考试中取得的成绩只有3%的差异。

3. 差距最大的两种学习方式是大声朗读和默读，使用前者的学生比使用后者的学生成绩要好12%。

大声朗读提高了学习成效，这是生产效应（The Production Effect）的一个例证。生产效应是指立即运用新信息进行创造，以使新信息印在脑海中，不因受到其他干扰而丢失。这就是为什么边学习边画画很有益处——它可以生成一幅新图示（见本书第65项研究）。

大声朗读是通过3个过程的结合来启动生产效应的：主动进行（在朗读时不是被动的）、视觉处理元素（看到文字）和自我参照（"我说了"）。

这些结果也证实了之前的研究发现（见本书第57项研究），即当学生通过结合多种感官学习时，学习效果会加强。这是因为多管齐下的方法在学生的大脑中建立了一系列的联系，确保学习内容更有可能被储存到长期记忆中（见本书第35项研究）。

💡 **对父母的启示**

我们都想鼓励我们的孩子成为优秀的读者。由于许多学生经常选择（也更喜欢）将阅读笔记作为复习的一部分，这项研究的结果对父母来说非常重要——它表明一些阅读复习法比其他方法更好。告诉孩子大声朗读而非默读的重要性，能帮助他们提高学习和考试的表现。

作者总结说，习得和复述"在学习和记忆方面非常有价值，因为我们亲自在做，并用自己的声音在读。当需要重新调取信息时，可以运用这一独特的方式来帮助记忆"。

然而，需要注意的是，尽管大声朗读在本研究中是最有效的选择，也有研究表明，单纯地阅读材料远不如其他策略有效，如提取练习（见本书第1项和第20项研究）。因此，仅仅依靠在学习过程中阅读笔记，即使是大声朗读，也不是学习材料最有效的方法。

参考文献：Forrin, N., & MacLeod, C. (2018). This time it's personal: The memory benefit of hearing oneself. *Memory*, 26(4), 574–579.

30 吃早餐

研究概况

许多学生说自己经常不吃早餐。但这要付出代价吗?

为了找到答案,研究人员进行了一项研究,比较了吃早餐、喝葡萄糖饮料和完全不吃早餐的学生。研究人员除了在整个上午进行注意力测试外,还进行了回忆测试,并让学生报告其感受。

主要研究结果

注意力水平

1. 随着时间的推移,所有学生的注意力都有所下降。然而,如果学生吃过早餐,这一下降幅度比没有吃过早餐的学生减少了50%—65%。

2. 在最初的几个小时里,喝葡萄糖饮料实际上会导致学生的注意力下降最多,而并非不吃早餐。

记忆力

在复习课后4小时进行的记忆测试中,没有吃早餐的学生成绩下降了12%;早餐只喝葡萄糖饮料的学生成绩下降了27%;而吃早餐的学生成绩提高了3%—5%。

警觉性

吃过早餐的学生在整个上午都最清醒。而喝葡萄糖饮料的学生在最初几个小时内确实提升了注意力,但到了中午,他们的注意力就降到与那些没有吃早餐的学生一样低的水平了。

关于吃早餐，除了在该研究中所证实的对记忆力和注意力的益处之外，还有大量研究探索了吃早餐的深远益处。例如，吃早餐有助于形成一天中更好的饮食习惯、改善身心健康并提高精力。

另一项研究的作者发现，"每天吃谷类早餐的人比那些每天不吃早餐的人更少感到抑郁，更少受到情绪困扰，感受到的压力也更低"。为什么会这样呢？正如另一篇综述的作者所言，"少吃一餐，尤其是早餐，会引起低血糖，导致情绪低落、易怒和疲劳"。不吃早餐似乎不仅与心理健康状况不佳有关，实际上，这正是导致心理健康问题的因素。研究人员也在那些错过与父母共进晚餐的学生中发现了类似的结果（见本书第58项研究）。

最后，吃早餐能促进更好的体育锻炼。在一项针对在校学生的研究中，与总是吃早餐的学生相比，偶尔吃早餐的学生进行的体育活动更少。这就是不吃早餐的人更容易肥胖、胆固醇水平更高的原因之一。

💡 对父母的启示

让孩子了解吃早餐的重要性，这一点很重要。如果任其发展，许多孩子会想要不吃早餐或用葡萄糖饮料代替。这样做会对其学习成绩造成严重影响。例如，另一项研究发现，在11岁的孩子中，吃早餐的孩子在考试中成绩高于平均分的概率是不吃早餐的孩子的两倍。

本项研究的作者指出，"这项研究提供了明确的证据，表明谷类早餐对在校学生的认知能力具有积极作用，尤其是快到中午的时候"。在寻求如何最好地帮助孩子时，事实证明，最简单的方法之一是确保他们吃早餐——可能也是最有效的方式之一。

参考文献：Wesnes, K. A., Pincock, C., Richardson, D., Helm, G., & Hails, S. (2003). Breakfast reduces declines in attention and memory over the morning in schoolchildren. *Appetite*, 41(3), 329–331.

研究概况

在思维和动机方面最鲜为人知的心理学概念之一是"学业浮力"（Academic Buoyancy）。心理弹性通常是指一个人克服巨大压力的能力，而学业浮力则侧重于学生克服学校日常挑战的能力。这些挑战包括作业做得不好或者在课程截止日期的压力下学习。因此，这是教育心理学中的一个重要领域。

研究人员探索了学业浮力的关键因素以及如何加以发展。这项研究结果为致力于帮助学生在学校茁壮成长的人士提供了必不可少的阅读材料。

主要研究结果

研究人员得出结论，即关于学业浮力有5个关键因素，可以帮助学生克服在学校面临的日常挑战。

研究人员称这5个关键因素为"5C"。

C1. 自信（Confidence）

学生有这样一种自信，即如果努力学习，他们就有能力成功完成某项任务。

C2. 协调（Co-ordination）

更好地计划、准备和管理时间，避免拖延。

C3. 承诺（Commitment）

表现出高度的弹性、决心和毅力。

C4. 沉着（Composure）

管理精神紧张、焦虑和压力的能力。

C5. 控制（Control）

专注于重要的、可控的事情。

研究人员还发现，学业浮力的5个关键因素既适用于男生，也适用于女生；既适用于低年级的学生，也适用于高年级的学生。

对学业浮力的研究仍处于相对初级的阶段。但我们有理由乐观，因为它的许多相关成分，如自我调节、成长型思维和元认知等都与一系列积极的结果相关联（见本书第52项研究）。人们对于心理弹性已经有了深入的研究，虽然它与学业浮力相似，但还是有所不同。研究发现，培养心理弹性的方法包括确保高水平的挑战和支持、有益的自我对话以及将成功归因于内部因素（见本书第10项和第33项研究）。

另一个有趣的相关研究发现，女生在焦虑量表上得分明显更高，有更多的学业问题。就年龄而言，有证据表明，在动机波动和情绪控制方面，青少年早期是一个特别具有挑战性的时期。

对父母的启示

在研究论文中，该研究的作者清晰明确地细分了父母如何将这些发现运用于他们的孩子身上：

培养自我效能感（自信），包括调整学习结构，以使成功的机会最大化；尽可能使任务个性化，消除学生对自己的消极信念并增强积极的信念；以及发展有效设定目标的技能。自我调节和目标设定也为提高学生的计划能力（协调）和坚持的毅力（承诺）提供了方向。

要鼓励孩子设定有效的目标，并展示如何朝着这些目标努力，这是使他们保持毅力的重要手段。培养孩子的自我调节能力也是一种手段，这可以使他们在面对挑战时提高计划能力和坚持的毅力。这包括帮助他们更有效地利用时间，分清轻重缓急，清楚自己应该做什么或需要做什么，以及制定检查家庭作业的策略。

在控制方面，研究表明，向学生展示努力和有效的工作策略的重要性将增强他们的控制意识。通过运用有效的、一致的方式提供反馈，为孩子的学习提供基于任务的建议，从而使他们清楚地知道如何改进，控制意识也由此得到了发展。

参考文献：Martin, A. J., Colmar, S. H., Davey, L. A., & Marsh, H. W. (2010). Longitudinal modelling of academic buoyancy and motivation: Do the 5Cs hold up over time? *British Journal of Educational Psychology*, 80(3), 473–496.

32 聚光灯效应

研究概况

有人说过，"当意识到别人很少关注你时，你就不会那么担心别人对你的看法了"。在面临压力或紧张的情况下，你很容易认为所有的眼睛都盯着自己。但真的是这样吗？或者这仅仅是头脑里的一个错误认知？

聚光灯效应（The Spotlight Effect）指的是人们倾向于高估他人对自己外表或行为的关注程度。康奈尔大学的研究人员热衷于对学生进行这方面的研究，他们在2000年合作进行了一系列古怪而有趣的研究。

主要研究结果

1. 在一项研究中，研究者让参与者穿着一件令人尴尬的T恤去听讲座［所选择的T恤上印有巴瑞·曼尼洛（Barry Manilow）的脸］。参与者预测，将近一半的同学会注意到这件T恤。事实上，只有不到四分之一的同学注意到了。

2. 聚光灯效应对所有参与者的影响是一样的，男女学生之间没有区别。

我有
一个梦想

3. 聚光灯效应不仅仅表现在尴尬的场合，学生们也很可能会高估自己在穿着很酷或很有代表性的T恤［比如印有马丁·路德·金（Martin Luther King Jr）、鲍勃·马利（Bob Marly）或杰瑞·宋飞（Jerry Seinfeld）］时，他人对自己的关注程度。

4. 除了外表之外，聚光灯效应还存在于社交场合中（包括正面和负面）。学生认为，其他小组成员会比实际情况更多地记住他们的观点，不论是有趣的还是令人不快的。

A PARENT'S GUIDE TO THE SCIENCE OF LEARNING

🔗 相关研究

其他研究发现，我们往往过分强调自己行为的重要性。例如，一项此类研究发现，人们总是高估自己在团队任务中的贡献。同样，其他研究也发现，我们倾向于认为自己对现实的理解是客观的，而不是主观的。最后，我们倾向于认为其他人会和我们有同样的看法。这三个因素结合在一起，会导致两个人对同一件事的解释大相径庭。

这些研究大部分是针对儿童进行的，研究人员称之为"心智理论"（Theory of Mind）。这描述了一些人是如何难以理解他人与自己有着不同的信仰、知识和意图的。本项研究通过这两种方式加深了我们对这一现象的理解：（1）将其应用于年龄较大的学生；（2）将社会地位因素加入其中。

💡 对父母的启示

该研究的作者表示，"人们似乎认为，社会聚光灯照射在他们身上的光芒比实际情况更耀眼"。这对孩子有什么影响呢？"人们由于害怕被拒绝，也害怕别人的眼光，所以不会主动去接触他人；人们不去跳舞、唱歌、演奏乐器，也不会去参加垒球比赛，因为担心自己会看起来很糟糕。"这样的例子在学校中比比皆是，学生在课堂上因为害怕自己看起来很笨而不提问，因为害怕被拒绝而不去参加学校戏剧的试镜，或者因为害怕在同学面前出丑而对公开演讲感到焦虑。

研究人员在论文中总结说，"目前的研究表明，这些恐惧中有很大一部分可能是杞人忧天或夸大了的"。其他人可能并不像我们通常所预期的那样，会注意到或记住我们的缺点。父母可以通过将孩子的担忧正常化，解释和证明每个人都受到聚光灯效应的影响，营造一种犯错误不会被奚落和嘲笑的家庭文化，将错误作为孩子未来学习和表现的基础，从而帮助孩子克服聚光灯下的焦虑。

参考文献：Gilovich, T., Medvec, V. H., & Savitsky, K. (2000). The spotlight effect in social judgment: An egocentric bias in estimates of the salience of one's own actions and appearance. *Journal of Personality and Social Psychology*, 78(2), 211.

33 培养心理弹性

研究概况

教师、学校、决策者和家长对如何更好地培养年轻人的心理弹性越来越感兴趣。随着社会的不确定性和年轻人生活压力的增加，这一领域的重要性尤为凸显。但是，如何发展心理弹性呢？一个以研究为基础的循证项目又是什么样的呢？

研究人员最近回顾了现有的研究，提出了迄今为止最全面的建议。

主要研究结果

创建一个培养和增强心理弹性的研究项目应侧重以下三个不同的领域：个人品质、助长性环境和挑战型思维。

1. 个人品质

包括但不限于：

◇ 高个人标准　　◇ 乐观

◇ 竞争力　　　　◇ 内在动机

◇ 自信　　　　　◇ 自我谈话

◇ 专注于重要的事情和可以控制的事情

2. 助长性环境

确保高水平的挑战和支持。

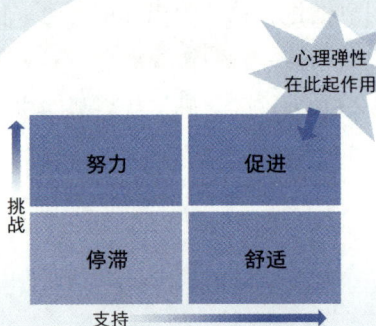

心理弹性
在此起作用

| | 努力 | 促进 |
|挑战| 停滞 | 舒适 |

支持

3. 挑战型思维

将事情视为挑战而不是威胁。

这可以通过以下方式来实现：

◇ 关注你能获得什么

◇ 问自己"我能做些什么"

◇ 不要将事情灾难化

◇ 避免使用"应该"和"必须"这样的词

◇ 专注于积极有益的想法

A PARENT'S GUIDE TO THE SCIENCE OF LEARNING

🔗 相关研究

这项研究的作者是心理弹性方面的领衔专家。有趣的是，到目前为止，他们的部分研究集中在奥运会金牌得主是如何培养其心理弹性的。研究发现，认为自己的决定是积极的选择而不是牺牲、视挫折为成长机会的运动员心理弹性更强。

这些奥运会选手所运用的其他策略包括获得周围人的支持、确定成功动机以及从多种来源（不仅仅是最后的成绩）获取信心。研究人员也调查了职场中的心理弹性，得出了类似的结论。

💡 对父母的启示

通常在心理干预中，重要的不是"做什么"，而是"如何做"。我们需要以一种让人放松的方式帮助孩子增强心理弹性，这既不是作为一种惩罚，也不是觉得他们不够好。该研究的作者也论及了这一点，并提出了可能的解决方案：由于人们对心理弹性存在误解，这方面的训练首先应该解释什么是心理弹性，什么不是。应该强调的是，在压力面前感到脆弱或在逆境中挣扎不应被视为软弱。相反，公开讨论这一话题是一种力量的象征，也是积极变化的潜在开端，有望使个人经受住压力，并在压力下茁壮成长。

一旦做到了这一点，"所有三个方面——个人品质、助长性环境和挑战型思维——都需要妥善发展，以提高执行者承受压力的能力"。这种三管齐下的方法将确保个人技能、家庭环境和个人思维都有利于发展心理弹性。如果做到了这一点，那么我们的孩子就有希望掌握在学校内外茁壮成长所需的关键技能和品质。

参考文献：Fletcher, D., & Sarkar, M. (2016). Mental fortitude training: An evidence-based approach to developing psycho-logical resilience for sustained success. *Journal of Sport Psychology in Action*, 7(3), 135–157.

研究概况

很多人都会在睡前或在床上使用手机和平板电脑。这对大脑有什么影响呢？褪黑素，通常又称"睡眠激素"，在晚上天黑时释放，触发人的睡意。但是，电子设备发出的强光是否会欺骗大脑，使其以为现在是白天，从而阻止褪黑素的充分分泌？

研究人员最近进行了一项研究来探索答案。他们让参与者在晚上11点开始使用平板电脑，并告知其可以做任何喜欢的事情，如阅读、游戏或购物。然后在午夜和凌晨1点采集唾液样本，检查参与者的褪黑素水平。

主要研究结果

1小时

2小时

1. 晚上使用平板电脑一个小时几乎不会影响褪黑素的分泌。

研究人员指出，"即使没有抑制褪黑素的分泌，睡前使用自动发光的电子设备也可能会扰乱睡眠。很明显，这些活动本身可能是警觉性的或有压力的刺激，可能会导致睡眠中断"。

2. 然而，睡前使用平板电脑两个小时会使褪黑素分泌减少20%。

因此，研究人员建议，"为了尽量减少对褪黑素的抑制，应该在晚上将设备尽量调暗，并在睡前限制使用时间"。

最近的一份报告发现，现在地球上的手机比人还多。一项调查表明，有81%的人说，即使是在睡觉的时候，他们也从来不关机。另一项研究发现，人们平均每天查看电子设备85次，而这项研究中的许多人并未察觉到自己查看手机如此频繁。

关于电子设备与睡眠之间联系的研究越来越多（见本书第71项研究）。一项此类研究发现，在睡前玩一个小时的手机意味着睡眠不足5小时的可能性几乎是平时的3倍。另一项研究发现了一个减少负面影响的好方法，那就是把背景光调暗，让手机离脸部约30厘米以上。

孩子使用手机做的事情也会影响其睡眠的质量和时长。人们发现，社交媒体和不断回复信息都会增加压力，降低免疫力。如果人们要使用手机，睡前在手机上做一些让自己平静和放松的事情当然是明智之举。

对父母的启示

这是父母可以直接影响的最大、最重要的领域之一。由于手机会对学生第二天的感受、思维和行为产生影响，对此采取坚定而明确的方针是很重要的。这取决于你的育儿理念以及你的孩子使用手机的时间。但无论如何，明确一致的信息和指导方针都应该是任何家庭手机政策的基石。

该研究的作者提到了这一点并写道，他们的研究结果"对年轻人和青少年等人群来说尤其令人担忧，这些人本来就更容易成为'夜猫子'"。从幸福感和学业成就的角度，与孩子谈论在深夜使用电子设备的危害及其对学习和考试成绩的影响，是有意义的。

参考文献：Wood, B., Rea, M. S., Plitnick, B., & Figueiro, M. G. (2013). Light level and duration of exposure determine the impact of selfluminous tablets on melatonin suppression. *Applied Ergonomics*, 44(2), 237–240.

35 图片和文字

研究概况

你认为怎样才能更好地学习——仅仅使用文字？仅仅使用图片？先使用文字再使用图片？还是同时使用文字和图片？为了找到答案，研究人员进行了调查。在两个实验中，先让学生学习如何运用不同的技术来使用自行车打气筒。之后，学生们参加了问题解决和口头记忆测试。

主要研究结果

研究发现，用文字和图片一起学习可以达到更好的学习效果。特别是在解决问题的测试中，这些学生：

◇ 正确回答的问题比只用文字进行复习的学生多出两倍多。

◇ 正确回答的问题比只用图片进行复习的学生多出50%以上。

◇ 正确回答的问题比先看文字后看图片进行复习的学生多出约50%。

当学生需要口头回忆所学内容时，将文字和图片结合进行复习效果甚微。

而当学生需要把学到的知识应用于不同的问题、情境和疑问时，差别就显现出来了。

A PARENT'S GUIDE TO THE SCIENCE OF LEARNING

相关研究

这项研究印证了"双重编码"的记忆策略，这是认知负荷理论的一部分（见本书第70项研究）。研究者解释说，"该理论预测，如果学习者同时使用视觉和语言两种方式对材料进行编码，则会更好地记忆和传递材料，因为他们有两种不同的方法用于在记忆中查找信息"。

因此，当学生同时使用文字和图片进行学习时，就建立了材料的语言表征和视觉表征，同时也加强了两者之间的联系。这个过程可将信息整合到长期记忆中。

研究发现，双重编码可以提高小学生、中学生和大学生的记忆力和学习能力。此外，在实验室研究中、现实环境中（即在学校中）以及一系列学科中都发现了这种效应。

对父母的启示

许多学生使用各种技能来帮助自己记住大量的材料，包括记笔记或制作思维导图等。这项研究——实际上也是理论，表明这一策略可能并不完整。正如该研究的作者所言，"研究结果表明，即使教学中既涉及文字又涉及图片，如果不将文字和图片联系起来进行呈现，作用就要小得多"。显然，同时做这两件事比一件接着一件做要有效得多。

鼓励你的孩子使用双重编码的一个好方法是，思考他们可以写下哪些文字来描述视觉图形，或者什么样的图形可以从文本中捕获核心信息。关键是要了解不同主题或话题的文本最适合哪种类型的视觉效果。文本描述和视觉图形越一致，就越有可能促成更深层次的学习。

参考文献：Mayer, R. E., & Anderson, R. B. (1991). Animations need narrations: An experimental test of a dual-coding hypothesis. *Journal of Educational Psychology*, 83(4), 484–490.

36 教授他人

研究概况

学习和复习的最佳条件是什么？激励学生准备即将到来的考试，这是否会有帮助？还是告诉学生要将知识教给某个同学更有益？

这些都是研究人员想要回答的问题。在两个实验中，研究者把100名学生分成两组（教授他人组和准备考试组）。然后测量学生学到了什么、学到了多少以及考试成绩如何。

主要研究结果

1. 与以考试为目的来学习的学生相比，以教授他人为目的来学习的学生记住的更多，记忆效率更高。

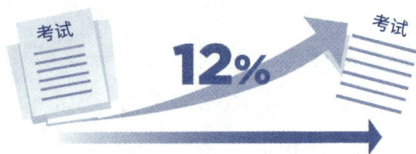

2. 在期末考试中，以教授他人为目的的学生比以准备考试为目的的学生成绩要好12%以上。

3. 那些认为自己要去教授他人的学生，除了在考试中记得更多、成绩更好之外，也更有可能记住重要信息和关键话题。

大量研究发现，当学生教授他人时，会获得显著的学习成果。这在研究中被称为"门徒效应"（The Protégé Effect）。然而，值得注意的是，并不是所有的研究都显示出这种效果。造成这些复杂结果的原因可能是当某些学生在公共场合发言（教授他人）时，他们的焦虑情绪和压力会增加。这表明，我们所能做的任何有助于减少当众发言焦虑或压力的事情也应对此有所帮助。

相关研究——被称为"生产效应"（见本书第65项研究），支持通过教授他人提高记忆的想法，因为它表明，如果学生从学习材料中产出新的东西（即别人的新课程），将有助于使学习材料在他们的长期记忆中根深蒂固。从本质上讲，创造一些东西会促使学生更努力、更深入地思考内容。

对父母的启示

研究人员指出，"表达对（学生）教授他人的期望似乎是一种简单又低成本的干预手段，有可能提高学生在家庭和课堂中的学习效率"。这为什么有效呢？研究人员解释说，"准备教授他人的参与者将自己置于教师的思维模式中，这会引导他们采取一些有效的策略进行教学准备——例如组织和权衡所要教授的材料中的不同概念的重要性，关注知识要点以及思考如何将知识融合在一起等"。

因此，如果你的孩子希望能教会你一些他们正在学习的内容，这种想法将促使他们对重要的信息进行分类，并鼓励他们复习自己知道的和不知道的知识，为棘手的问题做准备。这一方法有效的另一个原因是，它鼓励自我解释（提升细节和深度）和精细探询（问自己"为什么会这样"）（见本书第23项研究）。这两种方法通常都与更高水平的理解能力和记忆力有关。

091

参考文献：Nestojko, J., Bui, D., Kornell, N., & Bjork, E. (2014). Expecting to teach enhances learning and organization of knowledge in free recall of text passages. *Memory & Cognition*, 42(7), 1038–1048.

37 伪专家的夸夸其谈

研究概况

　　许多人倾向于高估自己的知识、技能和能力。如果我们相信自己在某一领域是专家，是否就更有可能夸大我们实际知道的东西？来自康奈尔大学和杜兰大学的研究人员进行了一系列研究来寻找答案。

　　为举例说明测试是如何进行的，研究人员要求参与者评估自己对一系列关键术语的熟悉程度。其中有些术语是真的，有些是假的，而参与者并不知情。例如，在银行部门，真实术语包括"固定利率抵押贷款"和"房屋净值"，虚假术语包括"预评估股票"和"年化信贷"。

主要研究结果

1. 超过90%的参与者声称对一些虚构的术语有所了解。

2. 那些在简单的测验中表现出色，因而感觉自己在某个话题上更像专家的人，接下来更有可能过分夸大自己的知识。

3. 参与者越认为自己是专家，就越有可能过分夸大自己的知识。

4. 研究者发现，在包括科学、地理、金融和文学的一系列研究和主题中，确实存在这种伪专家的夸夸其谈。

5. 即使明确告知参与者他们将要阅读的某些信息是错误的，其中许多人仍然会过分夸大自己对这些主题的了解。

其他研究表明，人在预测自己的能力水平方面并不是很准确。迄今为止，这主要集中在新手或对手头的任务不太擅长的人身上，他们高估了自己的能力。这就是邓宁-克鲁格效应（见本书第16项研究）。

也有研究发现，专业知识和权威的吸引意味着人有时会受到虚假信息的诱惑。这就是为什么人们倾向于相信听起来科学的事情，即使它是错误的也依然如此。

最近另一项不同的研究着眼于成为伪专家的其他代价。该研究发现，认为自己是专家的人更有可能思想封闭；当新的、矛盾的证据出现时，他们拒绝改变原来的观点。这是一种"确认偏见"（Confirmation Bias），因为人们想让自己看起来与他们先前的想法、信念和行为一致（见本书第38项研究）。

对父母的启示

该项研究的作者提醒人们要警惕伪专家夸夸其谈的陷阱，他们说，"夸夸其谈的倾向可能会阻碍人们在那些自认为知识渊博的领域进行自我教育，而这些领域可能对他们来说很重要"。苹果公司创始人史蒂夫·乔布斯（Steve Jobs）曾暗示过这一点，他建议人们要"求知若饥，虚心若愚"。

如果孩子认为自己已经是专家了，这可能会导致他们形成一种固定型思维，而不是寻找发展和提高的机会。固定型思维与较低的分数、较差的应对能力和较低的心理健康水平有关（见本书第56项研究）。父母可以通过不断地给孩子布置富有挑战性的任务来预防这种情况的发生，并定期提供反馈（集中在要改善的具体步骤上）。这将有助于孩子免受"最大的威胁——不是无知，而是自认为无所不知"。

参考文献：Atir, S., Rosenzweig, E., & Dunning, D. (2015). When knowledge knows no bounds self-perceived expertise predicts claims of impossible knowledge. *Psychological Science*, 26(8), 1295–1303.

38 宜家效应

研究概况

"宜家效应"（The Ikea Effect）描述了一些人与他人相比，如何高估了自己的想法、努力成果和创造物。这一现象是以瑞典一家家具店（宜家）命名的，宜家要求顾客自己组装家具，这在一定程度上解释了为什么有些人执着于自己的想法，高估自己努力的质量，比别人更看重自己努力工作的成果。这也许就是为什么有人很难做到——用动画片《冰雪奇缘》（Frozen）里的话来说就是——"算了吧（let it go）"。

来自哈佛商学院、杜兰大学和杜克大学的研究人员进行了一系列研究，以了解宜家效应的普遍程度。

主要研究结果

1. 一半的参与者自己动手组装了一件宜家家具，而另一半参与者则检验了一件组装好的与前者相同的家具。之后，他们各自估算了家具的价格。结果那些自己动手组装家具的人认为它要贵63%。

2. 亲自动手组装家具的人也更有可能喜欢自己的家具。

3. 这一发现在自己制作折纸的参与者身上也得到了验证，因为与没有参与制作的人相比，他们愿意支付高出近五倍的价格。

4. 在将自己的作品与专家的作品进行比较时，如果是自己努力创作的作品，参与者也会给予（与专家作品）相似的评价。

5. 最后，在另一项研究中，如果满足如下条件，参与者更有可能给乐高玩具赋予更高的价值：（1）是自己的；（2）是自己搭的。

🔗 相关研究

由于这是一个相对较新的心理学领域，相关的研究并不多。这意味着，在不同类型的样本和不同条件的设置下，如果这些结果能够得到再次测试和复现，那就更好了。

与其最相关的研究分为两类。一类是"竭力辩护"（Effort Justification），研究发现一个俱乐部成员入会的情况越糟糕，就越倾向于认为这是值得的。这表明他们希望相信自己的努力是合理的。奇怪的是，这一发现在对老鼠和鸟类的研究中也得到了证实，这两种动物都更喜欢那些必须通过努力才能获得的食物。

在心理学中与宜家效应相似的另一类研究是"确认偏见"。它描述了一种倾向，即人们往往更喜欢自己之前就同意的信息和想法。与之前的活动保持一致的需求引导了我们对新情况的感受。

💡 对父母的启示

显然，鼓励孩子重视自己的成就和辛勤工作并没有错。问题在于，他们看到的和别人看到的并不一致。研究人员用出售房子来比喻，很好地总结了这一点，"例如，卖家认为对房子的改善——比如亲手铺设的砖砌走道——能够增加房子的价值，而对于买家而言，这只是一条粗制滥造的走道"。

这有助于解释为什么有些人很难放下自己的"好主意"，在应该放弃并想出一个更好的方案时，仍然固执己见。这就好比是赌徒把钱打了水漂。当别人看不到你的建议的价值时，沮丧就会加剧。尽管拥有心理弹性和毅力是令人钦佩的，但如果我们能够帮助孩子准确评估他们的想法的价值，了解孩子对他们自己的工作、想法和努力有偏见，就可以帮助每个人节省时间和金钱。

参考文献：Norton, M., Mochon, D., & Ariely, D. (2011). The "IKEA effect": When labor leads to love. *Harvard Business School*, 1–33.

39 父母的信念

研究概况

学生往往对自己是不是有能力学好数学很有主见。关于父母的信念及其对孩子如何看待自己数学能力的影响方面，最重要、最有趣的研究之一是在30多年前进行的。

在这项研究中，密歇根大学的研究人员对10—15岁的儿童及其父母进行了一系列的问卷调查。他们想知道父母的态度和期望有多大的影响力，以及这些在男孩的父母和女孩的父母之间是否有所不同。

主要研究结果

1. 一个孩子对自己能力的看法和对未来成功的期望在很大程度上取决于父母的看法。

这实际上比孩子之前在该科目上的成绩的影响更大。本质上，他们更相信父母，而不是自己的成绩。

2. 其中，母亲对孩子学习能力的态度和信念比父亲的影响更大。

3. 与男孩的父母相比，女孩的父母认为数学对孩子来说更难，女孩必须更加努力才能学好数学。母亲和父亲都持有这一信念。

4. 与女孩的父母相比，男孩的父母认为高等数学对孩子来说更重要。

　　最近的研究集中在父母的哪些态度和行为最有可能帮助孩子取得更好的成绩上。到目前为止，最重要的是有较高的学业期望（见本书第9项研究）。这包括父母对学校的重视程度、对老师的态度以及对教育的整体价值的态度。其他方面包括与孩子定期沟通、鼓励良好的阅读习惯（见本书第46项研究），以及为管理家庭作业和社交休闲的时间设定明确的界限和安排。

　　之前的证据表明，家长倾向于在潜意识里对不同性别的孩子在学校能取得的成绩存在偏见。一些研究发现，男孩一旦进入教育的后期阶段，父母的期望会更高。事实上，有趣的是，一项研究（见本书第17项研究）发现，父母表扬儿子努力的可能性是表扬女儿的两倍多。这也许解释了为什么其他研究发现，尽管都花了同样多的时间做作业，女孩却认为自己必须比男孩更努力地学习数学。

💡　对父母的启示

　　该研究的作者指出他们的主要发现是，"父母的信念比孩子自己的数学成绩更重要""通过将女儿的成绩归因于努力学习，而将儿子的成绩归因于高能力，家长可能正在致使他们的儿子和女儿就自己的成就能力得出不同的推论"。

　　这意味着，每当父母说孩子"不是学数学的料"时，都会对孩子关于自己数学潜能的信念产生非常严重的负面影响。这表明，提高愿望和期望，将是一种卓有成效的策略。做到这一点的关键是瞄准具有挑战性但并未脱离现实的期望。这样父母就设置了足够高的标准来帮助孩子提高成绩，同时也确保孩子觉得这是可以做到的，因为这在他们的能力范围内。

参考文献：Parson, J., Adler, T., & Kaczala, C. (1982). Socialization of achievement attitudes and beliefs: Parental influences. *Child Development*, 53(2), 310–321.

研究概况

如果你必须学习一个以最无聊的方式教授的新话题，激励自己的最佳方式是什么呢？来自爱荷华大学和俄克拉荷马大学的研究人员将学生分成了四组进行研究。第一组学生没有被告知需要努力的理由；第二组学生被告知关于这个话题会有一场重要考试；第三组学生被告知努力是"应该"做的事情，这是对他们的期望；最后，第四组学生被告知，学习这一话题，就是学习一项对未来有帮助的新技能。

主要研究结果

第四组侧重于发展学生未来的技能，这批学生在一系列衡量指标上表现更好。具体来说：

◇ 他们认为这一课程更重要。在某些情况下，相对于其他三组，这一差异高达25%。

◇ 他们有更高程度的自主权，也就是说，有更强的内在动力。

◇ 他们更有可能在课堂上付出更多努力。其他三组，包括为了考试、应该努力或没有理由，都付出了更少的努力。

努力与理由

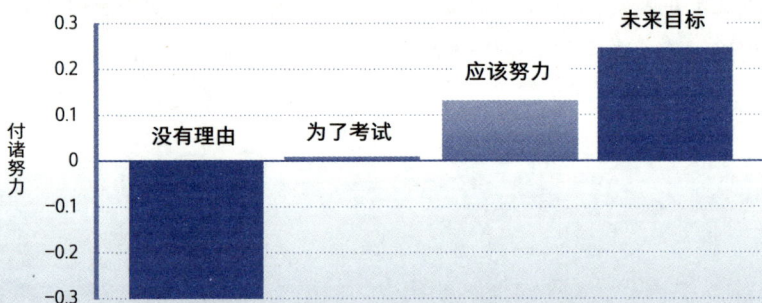

关于如何最好地增强动机已经有了大量研究（见本书第47项研究）。一篇有趣的论文发现，如果一个人觉得在自己做什么或如何做这件事上有合理的选择，知道自己为什么要做这件事并能够得到高质量的反馈，那么他的动机就会增强。其他研究表明，如果人们感觉自己正在变好或正在学习新事物，则其动机将会保持稳定并处于较高水平。

在有关目标设定的研究中还发现了其他增强动机的方法。如果做得正确，运用一种既具有挑战性又现实的方式，并且注重过程，就能提高学生的注意力，以及他们选择具有挑战性的任务的可能性。因此，最初的表现会得到改善，这创造了一个更高的激励水平和更好的后续表现的良性循环。

如何科学地帮助孩子学习

对父母的启示

如何帮助孩子保持动机水平是每位父母都会遇到的问题。与其把动机看作是你给孩子的东西，不如把它看作是你可以帮助孩子培养的东西。这项研究给出了如何做到这一点的答案。很明显，强调即将到来的考试的重要性，有助于在考试前提供短期的激励，但这样做对培养孩子在长时间内持续学习大量材料所需的内在动机并无多少益处。

这项研究的作者指出，"简单地告诉他人某项活动是有用的，就能使其认同这件事的价值，这是对研究结果的误读"。理解一项活动为什么重要，并帮助孩子确定它对他们有哪些直接的帮助，以及它将如何助其实现目标，是促进有意义的动机的更有效方法。

参考文献：Reeve, J., Jang, H., Carrell, D., Jeon, S., & Barch, J. (2004). Enhancing students' engagement by increasing teachers' autonomy support. *Motivation and Emotion*, 28(2), 147–169.

41 学生走神

研究概况

有时候教师可以明显看出学生在走神，有时候却很难发觉。那么，走神在课堂上有多普遍呢？什么时候最有可能走神？走神的代价是什么？

加拿大滑铁卢大学的研究人员对154名学生进行了为期12周的跟踪调查。他们要求参与者在上课的不同阶段，评价自己的注意力水平，并报告刚刚注意力集中在哪里。研究结果让我们比以往任何时候都更了解学生在课堂上真正投入了多少注意力。

主要研究结果

1. 学生有1/3的时间在走神。14%的时间是学生在无意中走神，20%的时间是学生主动选择思考课堂以外的事情。

2. 在50分钟的课堂中，学生的注意力水平不会直线下降。有趣的是，在一堂课中，第四分之三阶段的注意力水平实际上比最后十几分钟要更低。

3. 学生在周一和周五最容易走神。在周三注意力最集中。研究人员推测，这可能是因为学生担心即将到来的一周，或者是被周末的事情分散了注意力。

4. 在临近期末的课堂中，学生更有可能分心。原因之一可能是学生的心思都放在了担心即将到来的考试和考试不及格的潜在后果上。

5. 不出所料，学生走神越多，考试成绩就越差。所有学生都是如此，不论其之前的学习成绩如何。

🔗 相关研究

在20世纪70年代进行的这一领域的首批研究中，有一项是让学生报告每次老师按铃时他们在关注什么。令人惊讶的是，40多年后，学生在课堂上的注意力分散时间，依然与当年参与这项研究的学生相同。两组学生都有33%的时间专注于与课程无关的事情。

如何减少学生注意力分散的时间呢？一些研究人员假设动机和走神之间存在联系，即动机增加，走神会减少。事实上，该研究的作者指出，"有意识的走神可以通过这两种干预来减少：提高学生的学习动机，或使学生感知上课内容的价值。可以通过在课堂上加入问答来提高学生的参与动机，并将回答的准确性计入期末成绩"。

💡 对父母的启示

根据这项研究的结果，父母可以做些什么呢？鉴于学生在周一和周五更容易走神，该研究的作者建议，"教师可以考虑在周中呈现更多的或最重要的知识"。因此，父母可以鼓励孩子在周中完成难度最大、对认知要求最高的家庭作业。

这项研究强调了学生集中注意力的重要性。其他研究表明，有助于更好地集中注意力的技巧包括有规律地睡个好觉、每天早上吃早餐、喝大量的水、有规律地锻炼（见本书第42项研究）、在课堂上做笔记（见本书第27项研究）和关掉手机。如果父母能明确地把这些教给孩子，就可以为孩子提供更广泛的策略，使其在学习过程中更加集中注意力。

参考文献：Wammes, J., Boucher, P., Seli, P., Cheyne, J., & Smilek, D. (2016). Mind wandering during lectures I: Changes in rates across an entire semester. *Scholarship of Teaching and Learning in Psychology*, 2(1), 13–32.

42 散步的好处

研究概况

古希腊医生希波克拉底（Hippocrates）曾经说过："如果你心情不好，去散散步；如果你仍然心情不好，那就再去散散步。"那么，散步真的有助于改善情绪吗？如果你知道散步后必须要完成一件非常困难且无聊的任务，那该怎么办？一次"短距离散步"需要多长时间才能提升人们的心理状态？

来自爱荷华州立大学的研究人员杰弗里·米勒（Jeffrey Miller）和兹拉坦·克里赞（Zlatan Krizan）试图通过3个实验来寻找答案。

主要研究结果

1. 散步12分钟的学生比花同样时间坐着看照片的学生感觉好得多（提升了20%），这些感觉包括幸福、专注和自信。

2. 尽管学生知道散步后必须完成一项艰巨而枯燥的任务，他们仍然因为散步而得到了积极的情绪提升。而一直坐着的人却没有。

5分钟

3. 只进行了5分钟的短距离散步的参与者仍然受益，而且之后感觉更好。

4. 甚至不需要到室外就能体现散步休息的益处。学生们在室内散步一会儿之后，感觉好多了。站着或坐着不动的学生感觉更糟。

　　大量的新研究强调了体育锻炼的诸多益处。例如，研究人员发现，经常锻炼的人能更好地应对压力大的情况，并在锻炼的日子里感到更专注、更警觉。同样，最近的一项研究发现，与那些不锻炼的学生相比，在课后锻炼四个小时的学生能够回忆起并记住更多信息。

　　运动的长期影响现在众所周知。这些包括但不限于增强认知功能、有利身体健康以及使人更加精神焕发。散步的地方也很重要，最新的证据表明，在自然中散步的人要比在城市中散步的人得到额外的提升（见本书第50项研究）。这是因为城市环境要求人们保持警惕，从而抵消了散步可能产生的一些积极的心理影响。

对父母的启示

　　这项研究可以帮助父母改善孩子的情绪和健康。这可能就是为什么"学会散步"或者在学习间隔快速散步会有所益处。那么，为什么孩子不多去散步呢？研究人员指出，"人们可能低估了离开沙发去散步对情绪的好处，他们关注的是暂时感知到的障碍，而不是最终的情绪改善"。

　　该研究的结果再清楚不过了，因为"散步会对精神状态产生强大而持续的影响，所以我们应该利用这些影响来改善健康和表现"。值得欣慰的是，这些证据表明，散步并不需要走很远或很长时间。即使是5—10分钟也能让孩子在一天中接下来的时间里精神振奋。

参考文献：Miller, C., & Krizan, Z. (2016). Walking facilitates positive affect (even when expecting the opposite). *Emotion*, 16(5), 775–785.

43 压力思维

研究概况

"有压力总是不好的"这一说法是错误的。用"金发女孩效应"（The Goldilocks Effect）来描述可能更为准确——过多或过少都没有帮助。如果一个人承受了足以激励自己的压力，但又不至于因为压力影响自己的有效行为，那么他（她）就会获得更加清晰的思维和表现。

这个问题的核心在于人们如何理解压力。一些人认为压力总是一件坏事，而另一些人则认为压力有一些潜在的益处。这就是你的"压力思维"（Stress Mindsets）。耶鲁大学的研究人员进行了一项研究，测试"压力思维"是否真的存在，以及如果存在，会产生什么影响。

主要研究结果

1. 可以从两个方面来看待压力：可能提高表现，也可能降低表现。

2. 压力思维是可以培养的。了解压力如何帮助我们是关键。

3. 认为压力有益的人：
◇ 感觉更好
◇ 有更好的工作表现
◇ 更有可能寻求反馈

4. 在参与者的皮质醇（压力荷尔蒙）水平较高时，如果他们认为压力是有好处的，那么这将有助于降低他们的皮质醇水平；同样，在参与者的皮质醇水平较低时，如果他们相信压力是有好处的，那么这将有助于提高他们的皮质醇水平。本质上，这么想能帮助参与者找到最佳状态。

　　研究发现，压力在六种主要的死亡原因（心脏病、意外事故、癌症、肝病、肺病和自杀）中扮演着重要的角色。压力还与病假、生产力下降、抑郁和整体表现下降有关。然而，值得注意的是，从进化的角度来看，压力在人的生存中扮演了关键的角色。在压力下，我们的祖先得以跑得更快、思考得更快。承受一些压力也可以帮助人们更有效地学习和工作（见本书第51项研究）。

　　研究人员从两个不同的角度研究了压力的益处：生理和心理。从生理的角度来看，有证据表明，适当的压力可以引起某些激素的释放，这些激素有助于修复细胞，并使身体更强壮、更健康。同样，一些研究人员发现，由于经历了压力环境，人们会认为生活更有意义，发展了适应力、新的视角和更好的人际关系，即"与压力相关的增长"。

对父母的启示

　　这项研究并不是在说压力越大越好，也不是说经历压力就没有坏处。相反，该研究的作者指出，"研究结果表明，人们可以准备好接受一种"增强压力"的思维，这可能会对改善健康和工作表现有积极的影响"。

　　这表明，在压力大的时候，例如考试期间或公开演讲期间，父母需要帮助孩子发展以下3件事。第一，要确保他们有足够的技能和知识基础。一个人在某件事上能力越强，做这件事的时候就越不容易感到有压力。第二，自我调节技巧，如管理他们的注意力以及他们与自我交谈的方式，这有助于帮助他们在压力下发挥最佳水平。第三，也是最后一点，一个人的压力思维不是一成不变的。专注于如何解读事件本身和一个人对压力的态度，可以显著减少负面情绪，同时提高表现。

参考文献：Crum, A., Salovey, P., & Achor, S. (2013). Rethinking stress: The role of mindsets in determining the stress response. *Journal of Personality and Social Psychology*, 104(4), 716–733.

44 如何提供更好的反馈

研究概况

考虑到给予反馈所投入的时间、精力和努力，了解实际上什么是好的反馈是很有用的。来自奥克兰大学的研究人员约翰·哈蒂（John Hattie）和海伦·蒂姆伯雷（Helen Timperley）对现有的研究进行了全面的回顾。他们的研究结果为良好的反馈提供了简单的建议、策略和指导。

主要研究结果

1. 为了使反馈更有效，反馈必须回答3个问题：

反馈什么？ 这使你的目标非常明确。

如何反馈？ 这是进步的标志。

反馈后下一步该做什么？ 这也许是最重要的问题，因为它关注的是改善的策略。

2. 研究人员还确定了4种反馈类型，并对其有效性进行了评价：

关于个人的反馈。这是最无效的，会导致标签化，如"你很聪明"或"你不擅长数学"等，这两种标签都没有益处。

关于任务的反馈。这是最常见的，为工作是否正确提供了信息。如果学生对学习任务有错误的理解，这种反馈通常是有效的。

关于流程的反馈。为学生提供如何完成任务的信息。这促使学生搜索出更多的信息，并往往能促成更深层次的学习，而不仅仅是对任务的反馈。

关于自律的反馈。这涵盖了学生如何监控自己的表现、调整行动和策略，且对初学者更有效。

一份关于反馈研究的著名综述表明，38%的反馈干预实际上弊大于利。因此，这一课题得到了广泛的研究。这太重要了，我们不可以在此出错或不知道其潜在的含义。

一项研究发现，1/4的青少年学生更喜欢在公开场合得到大声表扬，而2/3的学生更喜欢老师悄悄地、不显眼地表扬自己。其他几位研究人员发现，如果一名学生的朋友不重视在学校努力学习和表现良好的作用，那么，当这些朋友在场时，将表扬加入反馈中，反而会（对这名学生）产生不利影响。

另一项研究证实了这些发现，并指出学生们更喜欢老师表扬自己的努力，而不是他们天生的能力。这种反馈会使学生更加享受任务、增强心理弹性，并在未来选择更具挑战性的任务（见本书第5项研究）。

对父母的启示

为了提供更好的反馈，该项研究的作者推荐了两种独立但相互关联的策略。第一种策略是"当反馈提供的信息是正确的而不是错误的，并且建立在以前试验的基础上时，反馈会更有效"。第二种策略认为，"当自尊受到较低而非较高程度的威胁时，反馈会更有效，这可能是因为低威胁的环境允许人们关注反馈"。

鉴于父母需要考虑花多少时间和精力给予孩子反馈，这篇研究论文对于他们来说非常有价值。这些策略表明，反馈的质量比数量更重要。或者，正如研究人员所说，"不能简单地提供更多的反馈，而是有必要考虑反馈的性质、时机以及学生如何接受反馈"。

如何科学地帮助孩子学习

参考文献：Hattie, J., & Timperley, H. (2007). The power of feedback. *Review of Educational Research*, 77(1), 81–112.

45 自我谈话

研究概况

兹拉坦·伊布拉西莫维奇（Zlatan Ibrahimovic）、朱利叶斯·凯撒（Julius Caesar）和《芝麻街》（*Sesame Street*）中的艾摩（Elmo）有什么共同之处？众所周知，他们都用第三人称谈论自己。一个著名的例子就是，兹拉坦·伊布拉西莫维奇被邀请到阿森纳队参加面试。他回答说，"兹拉坦从不面试"。

但是，一个人自我谈话的方式对思维、情感和行为有什么影响呢？用第一人称说话（即"我认为……"）和用非第一人称（即"你认为……"或用第三人称说出自己的名字）说话有什么区别？研究人员让学生用这两种方式中的一种来进行自我谈话，然后让他们处于一系列情境中，包括回忆糟糕的事情、第一次见某人和在同龄人面前进行演讲。

主要研究结果

用第一人称自我谈话的人与用非第一人称自我谈话的人相比：

◇ 当回忆一件使其焦虑的事情时，情绪会更加强烈

◇ 当回忆一件使其生气的事情时，情绪会更加强烈

◇ 表现得更紧张，在社交活动中表现得更差

◇ 不太可能给人留下好的第一印象

◇ 在公开演讲过程中感受到更多的害羞、尴尬和消极情绪

◇ 在公开演讲任务中表现更差

◇ 更有可能将即将到来的压力事件视为威胁

◇ 更有可能担心即将到来的压力事件

　　自我谈话是认知心理学中研究得最多、最活跃的领域之一（见本书第21项研究）。研究发现，一个人自我谈话的方式会影响其心态、动机、适应力、创造力、专注力、情绪控制能力和元认知能力。例如，一项研究发现，问自己问题（比如"我能做好吗"）的参与者比那些直接断言（比如"我能做好"）的参与者解出的字谜更多。其原因可能是，问自己问题有助于促使大脑回答问题，起到号召大脑行动的作用（见本书第23项研究）。

　　其他研究发现，以一种有益的、建设性的方式告诉自己该做什么，可以提高压力下的注意力和表现。这可以帮助学生提高自我控制能力，并推动他们在重要任务之前的计划和准备。最后，研究指出，以乐观、充满活力的方式进行自我谈话有助于人们屏蔽可能会分散注意力的杂念。当需要大量努力和心理弹性时，这有助于提升表现。

💡　对父母的启示

　　这项研究显示了培养孩子自我谈话的诸多好处。作者总结说，"我们不习惯人们用他们的名字来称呼他们自己，然而目前的研究结果表明，这样做可以促使人们自我抽离（不利的情境）；增强人们在社会压力下调节自己思想、情感和行为的能力；引导人们以挑战性更大、威胁性更小的措辞来评估引发社交焦虑的事件"。

　　自我谈话的好处多多，但在帮助孩子发展健康、有益的自我谈话方面，我们实际上花费的时间是如此之少。做一些简单的调整就能对孩子的思维、感觉和行为产生很大的影响。考虑到自我调节和情绪管理是日常生活中的关键技能（见本书第31项研究），帮助孩子发展自我谈话的技能是一种简单有效的策略，有助于提升他们的幸福感和成就。

参考文献：Kross, E., Bruehlman-Senecal, E., Park, J., Burson, A., Dougherty, A., Shablack, H., Bremner, R., Moser, J., & Ayduk, O. (2014). Self-talk as a regulatory mechanism: How you do it matters. *Journal of Personality and Social Psychology*, 106(2), 304.

研究概况

专家经常建议家长在晚间进行规律的亲子阅读。但是，有没有什么方法可以帮助父母最大限度地发展孩子的阅读技能？

研究人员对4—6岁的儿童进行了数年的跟踪调查，研究了其父母所提供的阅读量和阅读活动类型，之后研究了关键的读写技能。研究人员定义了父母参与的两种不同形式的阅读练习。包括非正式的互动（阅读故事书）和正式的互动（教字母名及发音）。研究人员测试了这两种不同的策略是否在发展读写技能方面发挥了重要而独特的作用。

主要研究结果

1. 非正式的互动，比如阅读故事书，对孩子一年后的能力有着积极影响：
◇ 理解单词和句子
◇ 使用更广泛的词汇
◇ 提高听力理解能力

2. 研究发现，在阅读过程中教给孩子字母、单词和句子（即正式的互动）也在发展早期读写技能中起到了作用。

3. 儿童到6岁时所接触的图书数量能够预测其两年后的阅读能力。

阅读故事书对儿童的积极影响早已得到证实。有趣的是，研究表明，许多孩子喜欢和父母一起享受这段时光，也经常发起和其他孩子的共同阅读。孩子对读书的兴趣与其小时候的阅读能力有关。这表明，如果我们想培养孩子对阅读的热爱，就必须帮助他们及早培养阅读能力和自信心。

一项相关研究发现，重要的不仅仅是父母与孩子阅读的数量，而是阅读过程中互动的质量。这既包括描述书中正在发生的事情，也包括在阅读时进行一点表演。

💡　**对父母的启示**

最近的一项研究指出，9岁时阅读能力落后的学生高中毕业的机会要比普通学生少4倍。这强调了帮助孩子尽早发展这些关键技能的重要性。从本质上说，如果孩子上学时没有获得学习所需的工具，尽管之后他们有可能迎头赶上，但也会使其教育经历更具挑战性。

对父母来说，最重要的是在阅读活动中将正式和非正式的互动相结合，因为这对孩子最终的阅读能力有很大的帮助。对阅读质量和数量的强调，以及使阅读活动类型多样化，可以为父母提供一个良好的开端。其他建议包括选择适合孩子年龄的图书，以及在阅读过程中使用大量的问答和提示，以最大限度地确保互动、参与和学习。

111

如何科学地帮助孩子学习

参考文献：Senechal, M., & LeFevre, J. (2002). Parental involvement in the development of children's reading skill: A five-year longitudinal study. *Child Development*, 73(2), 445–460.

47 截止日期、拖延症和选择

研究概况

学生准备好设定截止日期来帮助自己克服拖延症了吗？他们为自己设定了有效的截止日期吗？这些自我设定的截止日期真的有助于提高其表现吗？

为了深入研究这些问题，研究人员将学生分为两组。在第一组中，学生们要自行为三项学习任务设定截止日期；另一组则由老师来设定，并在学期内平均分配（任务时间）。之后追踪了学生的学习情况。

在后续研究中，研究人员对需要校订他人作业的学生也进行了这一实验。同样，一些学生自己选择截止日期，而另一些学生由他人设定截止日期。

主要研究结果

1. 不出所料的是，很多学生决定在学期的最后一周提交全部三份任务作业，其中27%的学生选择在学期末最后一天提交。

2. 自己设定截止日期的学生比由老师设定截止日期的学生得分要低。

3. 截止日期由学生还是老师设定，两者之间最大的差异体现在第三项也就是最后一项作业上，两组之间的差异几乎为10%。

这是因为，如果学生选择在学期末上交全部三份作业，通常不会留太多时间来完成最后一项作业。

4. 尽管最终会导致整体成绩较差，学生还是更倾向于自己设定截止日期。

与自己设定截止日期的学生相比，由他人设定截止日期的学生在任务上投入了更多时间。

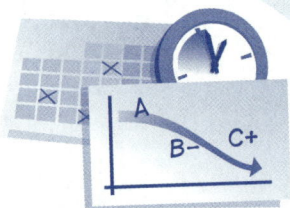

拖延症困扰着许多学生。之前的研究发现，有75%的学生认为自己是拖延者，其中50%的学生经常拖延，已经严重到成为问题。学生可能会拖延的原因之一是，人们往往不善于预测完成一项任务所需的时间，并且通常会低估它。这就是所谓的"计划谬误"（见本书第3项研究）。

其他研究不仅关注拖延的代价，还关注与之相关的行为和思维过程。这包括自卑、非理性信念、对失败的高度恐惧、抑郁、不良的学习习惯和花太多时间幻想成功（见本书第53项研究）。此外，研究发现，拖延者压力更大、更有可能在临近截止日期时生病，成绩往往也会更差。

这项研究的结果支持了迄今为止关于拖延症研究的最重要的综述之一。研究人员在那篇综述中指出，设定周期较短的、定期的截止日期会有所帮助，因为"长期以来，人们一直注意到，一件事情发生的时间距离现在越久，对人们决策的影响就越小"。

对父母的启示

研究人员简明扼要地总结了这一研究的发现并得出结论，"自我设定的截止日期并不能像他人所设定的、间隔均匀的截止日期那样提高成绩"。为什么会这样呢？其原因之一是，"与不能选择（截止日期）的学生相比，自由选择（截止日期）的学生可能认为截止日期的约束力更小，因为这是自我强加的"。

父母可以利用这项研究来确保孩子保持专注、处于正轨，特别是随着孩子年龄的增长，需要进行更多独立学习和研究的时候。即使孩子必须对他们做作业的时间、地点和方式承担更多的责任，也仍然可以得到父母的帮助——父母可以通过把大任务分解成小任务，并设置固定的最后期限来帮助孩子。

参考文献：Ariely, D., & Wertenbroch, K. (2002). Procrastination, deadlines, and performance: Self-control by pre-commitment. *Psychological Science*, 13(3), 219–224.

48   夸你真聪明

研究概况

当学生做得很好或取得成功时，表扬说"做得好，你真是个聪明的男孩"或"你真是个聪明的女孩"，几乎是人的第二天性。但是，称赞一个人的智慧需要付出代价吗？这对其未来的任务又有什么影响呢？

最近，来自中国、美国和加拿大大学的研究人员合作进行了一项研究，以探索答案。研究人员对243名学生进行了实验，告诉其中一半的学生他们以聪明著称。所有的学生都玩了一个猜谜游戏，在游戏中，当研究人员走出房间的时候，学生会有偷看答案来作弊的机会。研究者想知道学生是否会因有人夸他（她）聪明而决定作弊。

主要研究结果

1. 61%以聪明著称的学生在游戏中作弊，而另一组只有41%的学生作弊。

2. 即便只有3岁，如果孩子相信别人认为自己聪明的话，也更有可能作弊。

3. 如果组织游戏和告诉学生他们以聪明著称的是同一个人，那么学生作弊的可能性更大，因为他们希望维护自己的聪明形象。

4. 无论是否以聪明著称，男孩都比女孩更容易作弊。

早前的研究发现，学生在5岁时就对自己的名声有所了解了。而本研究表明，这一年龄可能更小。有趣的是，也有研究发现，与大一点的孩子相比，7岁以下的孩子更不担心自己有多聪明。这表明，是成年人对孩子多聪明更感兴趣，而不是孩子自己。

其他证据指出，因其天生的能力或智力而受到表扬的学生更有可能放弃困难的任务，也更不喜欢困难的任务，他们的表现更差，还会谎报自己的成绩（见本书第5项研究）。这也与较低的自尊和较高的压力水平有关（见本书第56项研究）。

这项研究发现，男孩比女孩更容易作弊，这与经济学和心理学的研究结果一致，即成年男性比成年女性更容易作弊、行为更不诚实。然而，导致这一情况的原因仍在研究当中，目前尚不清楚。

💡 对父母的启示

该项研究的作者写道，"向儿童提供关于其智力的积极信息可能会产生意想不到的消极后果"。这是因为，告诉孩子他们很聪明可能会"促使孩子为了追求个人名利而作弊"。虽然本意是想鼓舞士气，但很快就会成为孩子肩上的负担。

重要的是，要让孩子专注于提高自己，而不是担心如何证明自己。如果他们认为获胜或聪明比成长更重要，则很可能会走捷径，用欺骗的方式来维护这种声誉。这就是孩子在以下3方面的区别来源：是不想犯错还是想要取得进步；是不想失去还是想要学习；是自我保护还是自我提升。我们可以通过赞扬孩子的努力过程，而不是与生俱来的能力，来帮助孩子度过各种充满挑战的时期。

参考文献：Zhao, L., Heyman, G., Chen, L., & Lee, K. (2017). Telling young children they have a reputation for being smart promotes cheating. *Developmental Science*, 21(3), e12585.

研究概况

　　学生在学校的表现会影响他们的感受吗？或者学生的感受会影响他们的表现吗？还是两种影响都存在？为了找到这些问题的答案，来自德国、英国、澳大利亚和日本的研究人员对来自42所学校的2000多名青少年学生进行了为期5年的跟踪调查。

主要研究结果

1. 积极情绪和成绩之间的关系是双向的。学生越喜欢数学，越为自己的学习成果感到自豪，分数就越高。同样，学生越成功，就越感到自豪和快乐。

2. 学生经历的负面情绪越多，成绩就越差。这些负面情绪包括：
◇ 愤怒
◇ 焦虑
◇ 羞愧
◇ 无聊
◇ 绝望

3. 学生感到焦虑和绝望的程度是最能预测负面成绩的因素。两者的关系同样也是双向的，持续的失败增强了负面情绪。

4. 研究人员还发现，与男孩相比，女孩在数学课上表现出的快乐和骄傲更少，无聊、焦虑、羞愧和绝望更多。

这项研究发现，情绪和成绩之间存在相互关系（即双向作用），这印证了先前在这一领域的研究。例如，几项研究都发现，经历过考试焦虑的学生更有可能成绩更差，这反过来又会使学生更有可能考试焦虑。即负反馈循环。

有趣的是，该研究关注的是学生对数学的情绪反应，因为学生对数学这一学科一直有着非常强烈的情绪。即使成绩相似，通常女孩仍比男孩更不喜欢数学、更加焦虑。这并不是由于生理差异，而是因为男孩和女孩接受的表扬类型不同，以及他们对失败的归因不同（见本书第17项和第39项研究）。

💡 对父母的启示

这项研究的结果表明，父母在帮助孩子时应采取双管齐下的方法。一是帮助孩子管理和培养情绪，以使得他们取得更好的成绩。二是培养孩子的能力和知识，以使其体验到更好的情绪。如果只关注其中一个方面，比如提高他们的幸福感，或者仅仅提高他们的数学专业知识，我们就错失了帮助他们发展的机会。两者必须结合在一起。

该研究的作者表示，这一发现"表明教育者、管理者和家长都应该考虑在增强青少年的积极情绪并尽量减少其负面情绪方面加大力度"。研究者建议，通过"为学生提供体验成功的机会（例如，使用个人内心的标准来评估成绩；强调精通而非竞争性目标），或许可以促进积极情绪、预防消极情绪"。

参考文献：Pekrun, R., Lichtenfeld, S., Marsh, H., Murayama, K., & Goetz, T. (2017). Achievement emotions and academic performance: Longitudinal models of reciprocal effects. *Child Development*, 88(5), 1653–1670.

研究概况

密歇根大学的研究人员进行了两项实验，以了解在课间休息时与大自然互动是否能改善学生的情绪、注意力和记忆力。

为了验证这一点，在第一项研究中，研究人员首先观察了散步地点是否会有影响。在第二项研究中，学生利用课间休息时间，看大自然或繁忙的城市中心的照片。之后对两组进行了比较。

主要研究结果

在第一项研究中，学生在课间休息时在公园或繁忙的市区里散步50分钟。研究人员发现：

1. 在大自然中散步休息的学生在注意力和记忆力测试中的表现提高了16%。在城市环境中散步的学生成绩没有提高。

2. 无论季节和天气如何，在公园里散步全年对学生都有帮助。

3. 此外，在大自然中散步的学生，情绪随后也得到了积极提升；而在城市环境中散步的学生则没有。

在第二项研究中，研究人员发现，看大自然照片的学生：

◇ 在记忆力和注意力测试中表现更好
◇ 执行力得到了改善
◇ 课间休息后感觉更好、更精神

🔗 相关研究

近期一项研究（见本书第42项研究）发现，即使只散步5分钟，人们也会更快乐、更专注、更自信。无论是在室外、画廊里还是在跑步机上，参与者都从散步中获益匪浅。

这表明，散步休息并不一定要选在一个舒适的地方，只要不在有压力的环境下就行。正如该研究的作者所指出的，"与大自然环境不同，城市环境充满了刺激，极大地吸引着人的注意力，并且还需要定向注意力（例如，避免被汽车撞到），这使学生更加难以恢复精力"。

除了散步以外，在其他研究中，还有哪些简单的日常活动可以提升记忆力、注意力和幸福感呢？这包括有规律的睡眠（见本书第24项和第72项研究）、吃早餐（见本书第30项研究）、喝大量的水。这些方法都不是特别复杂难懂。也许这就是其美妙之处——这些方法几乎没有任何成本、易于理解、可以立即执行。除此之外，还会带来立竿见影的、有意义的改变。

💡 对父母的启示

本研究作者从一个思维实验开始落笔："想象一种疗法，没有已知的副作用，随时可进行，可以零成本改善你的认知功能。"研究结果表明，无论是散步还是看照片，与大自然互动都可以做到这一点。

我们经常鼓励孩子在复习的时候休息一下。而从研究的结果来看，并不是所有的休息效果都一样。以一种令大脑保持警觉的方式去休息，就不太可能达到预期的效果。如果父母能告知孩子以一种既放松又提神的方式休息有哪些益处，那么，孩子在休息后，不仅可能感觉更好，也可能记住更多随后复习的内容。

参考文献：Berman, M. G., Jonides, J., & Kaplan, S. (2008). The cognitive benefits of interacting with nature. *Psychological Science*, 19(12), 1207–1212.

51 压力和不确定性

研究概况

　　来自伦敦大学学院的研究人员进行了一项实验，在实验中，参与者完成了一个学习游戏，并接受了轻微的电击，电击的可预测性各不相同，以此来施加压力。

　　研究人员希望发现：（1）不确定性和压力感之间的联系；（2）如果两者有联系，那么对成绩会有什么影响?

主要研究结果

　　1. 不确定性是人们感到压力的主要原因。这表明，让人们真正感到压力的并不是最坏的情况，而是模棱两可的不确定性。

　　2. 不确定性触发了主要的压力生理信号，如皮质醇（压力荷尔蒙）增多、瞳孔变大、手心出汗。

　　3. 实际上，适当的压力和不确定性是一件好事，在这种情况下，参与者的表现更好。因为这可能会促使人们更加集中精力、更加努力工作。

A PARENT'S GUIDE TO THE SCIENCE OF LEARNING

相关研究

在体育和教育领域，有越来越多的研究考察了人们对待和思考潜在压力情况的不同方式（见本书第32项研究）。如果人们相信自己有能力和资源来应对压力情况，感觉能够掌控事件，周围都是支持自己的人，并且记得以前的类似经历，那么，就更有可能将压力视为一种"挑战"。而感到孤立的人，则专注于在事情出错时会遭受的损失，不知所措，担心自己看起来很糟糕，觉得目标无法实现，更有可能处于"威胁状态"。将事件视为挑战而非威胁的人更有可能有效地管理自己的压力水平。

另一项研究与上述结论相一致，发现一个人的"压力心态"会对其表现产生重大影响（见本书第43项研究）。接受"压力有时会有所帮助"这一想法的人更有可能感觉更好、表现出更高的水平，并在压力下寻求更多的反馈。此外，压力心态是可塑的，这意味着，了解压力的潜在益处的人可以更有效地应对压力。

对父母的启示

众所周知，对许多孩子来说，在某些情况下压力会更大，包括考试、面临截止日期、公开演讲、面试等。这些事都有不确定性因素，因而被视为压力事件。其结果是不确定的，不论成功或失败，都可能对孩子的生活和未来的选择产生重大影响。

这项研究的发现为孩子提供了一些实用的建议。第一，了解压力的触发因素（即不确定性）有助于提高他们的自我意识，了解自己为什么会有这种感觉。第二，认识到不确定性和压力确实有助于提高成绩，能让人感到安心，同时促使相关情绪正常化。第三，如果孩子感到压力水平过高，希望减轻压力，那么，收集以降低模糊性和不确定性为目的信息将会有所帮助。

如何科学地帮助孩子学习

参考文献：De Berker, A., Rutledge, R., Mathys, C., Marshall, L., Cross, G., Dolan, R., & Bestman, S. (2016). Computations of uncertainty mediate acute stress responses in humans. *Nature Communications*, 7, 10996.

研究概况

　　元认知是指学生有效监控和引导自己学习的能力。它是培养独立学习者的重要组成部分。因此，研究人员和教师对此都越来越感兴趣。

　　最近，研究人员通过让学生回答简单的学习技能问题，来提升他们的元认知能力，并对这是否会提高其学业成绩进行了测试。研究人员将实验组与对照组进行比较，之后监测所有学生在考试期间的学习和表现。

主要研究结果

　　1. 为了提高自身的元认知能力，学生应该思考三个问题：

◇ 我需要哪些资源来帮助我学习？

◇ 为什么这些资源是有帮助的？

◇ 我将如何使用这些资源？

　　2. 提出这些问题可以提高学生的自我反思能力，也可以提高学生在学习时发现学习资源的效率。学生会因此感到压力更小、更有控制感。

　　3. 在班级中，实验组的学生分数高出1/3。这些学生每次考试都考得更好。无论性别、年龄或学习能力如何，所有学生均是如此。

🔗 相关研究

越来越多的证据表明，培养学生的元认知能力可以提高其积极性、学习效率和考试成绩。多项研究发现，对学生来说，重要的不仅仅是学习的多少，还有学习的质量。能够有效、高效地使用和管理可用资源的学生，往往能够取得更高的学业成就。

来自英国教育捐赠基金会（Education Endowment Foundation）的研究人员表示，如果元认知得以有效发展，可以额外增加7个月的学习进度。令人鼓舞的是，几项研究发现，元认知是可以教授、学习和发展的能力。其中一项研究发现，帮助学生提高元认知能力，在两周内，学生就都取得了积极的收获。

其他研究发现，通常，许多学生很难用实际的行为改变来弥合与良好意愿之间的差距（见本书第6项研究）。然而，有证据表明，那些提出具体行动计划的人（如本研究中的案例）确实能做得更好。

💡 对父母的启示

很多父母花很多钱为孩子提供高质量的学习资源。然而，本研究的作者指出，"无论我们为学生提供多么丰富的学习材料、多么有利的学习环境，如果学生不能充分考虑如何有效地利用这些资源，很多资源便浪费了。应鼓励学生有策略地使用课堂资源、掌握课堂内容，使学生在考试中发挥更大的潜能"。

研究人员在总结学生从其元认知能力的发展中将获得的长期利益时，得出了积极的结论。他们指出，"除了教育之外，现实生活中，还有许多其他情况，使人们无法有效地实现目标追求……鼓励人们进行自我反省，思考如何利用现有的资源战略性地实现目标，将对其大有帮助。这表明，在学业结束后很长一段时间内，学生仍将继续获益于元认知能力的改善"。

参考文献：Chen, P., Chavez, O., Ong, D., & Gunderson, B. (2017). Strategic resource use for learning: A self-administered intervention that guides self-reflection on effective resource use enhances academic performance. *Psychological Science*, 28(6), 774–785.

53 过程可视化

研究概况

距离考试还有一个星期。是想象你正在为考试而学习，还是想象如果考得好，生活会是什么样？哪种方式更好？为了找到答案，研究人员对101名学生进行了研究。

在这项研究中，研究人员要求一些学生想象自己在复习，而另一些学生想象自己在考试中取得了高分。随后，记录了学生在准备考试时的感受、做了多少复习，以及最终的分数。

主要研究结果

1. 考试前一周，那些花了几分钟想象自己在学习，而不是想象自己在考试中取得好成绩的学生报告说，他们：

◇ 对自己需要做什么有更清晰的计划

◇ 对考试不那么紧张了

◇ 会花更多时间学习

◇ 期望在考试中考得更好

2. 考试结束后，研究人员发现，那些花了几分钟想象自己在学习，而不是想象自己在考试中取得好成绩的学生：

◇ 在考前一周多复习了40%

◇ 考试成绩提高了8%

◇ 在一定程度上超越了班级平均水平，而想象自己取得理想成绩的学生表现更差

🔗 相关研究

先前已有研究发现，可视化有助于增强情绪，而情绪反过来又与学业成功有关（见本书第49项研究）。然而，在这项研究的基础上，也有研究发现了可视化的另一面。一项相当有趣、离奇的研究发现，对于试图减肥的参与者来说，想象结果，比如想要减掉的体重，会更有可能受到免费甜甜圈的诱惑。似乎过分关注结果会产生不利影响。

在教育领域的研究发现，花时间想象自己的一周会过得很好的学生，实际上，在7天的时间里，比对照组的学生更加缺乏活力，取得的成就也更少。同样，在花时间想象自己完美工作的学生中也发现了类似的结果。毕业时，这些学生得到的工作机会更少，起薪也比没做这种想象的学生更低。

💡 对父母的启示

本项研究为我们如何最好地帮助孩子准备即将到来的考试并管理他们的情绪提供了建议。帮助孩子专注于取得成功所需要的行为，将确保他们更有可能采取正确的行动。孩子可能会因为过于关注考试结果而加剧拖延和走神，也可能因为过于关注考试结果，而不是考试过程本身，加剧对考试的焦虑。从本质上说，"一名想要成为外科医生的学生，需要通过精神上的不断激励，以及对必经步骤的了解来实现目标，而不是设想最终目标实现时的状态"。

这一研究的作者在结论中引用了一句名言（尽管是匿名的），"胜利的意志远不如准备胜利的意志重要"。研究者表示，学生与其抱着"我能做到"的态度，还不如想"我怎么才能做到"。

参考文献：Pham, L., & Taylor, S. (1999). From thought to action: Effects of process-versus outcome-based mental simulations on performance. *Personality and Social Psychology Bulletin*, 25(2), 250–260.

如何科学地帮助孩子学习

研究概况

近来，研究人员调研了父母与孩子沟通的类型和频率对孩子的成长有多大影响。为了找到答案，研究人员对565名儿童及其父母进行了为期两年的跟踪调研。在此期间，父母和孩子都要定期接受调查，以了解父母与孩子沟通的感受、孩子对沟通的看法及其结果。

研究人员特别观察了父母的过度表扬（"我的孩子比别的孩子更特别"）、父母带来的温暖［"我让孩子知道我爱他（她）"］、孩子的自尊（"像我这样的孩子对自己很满意"）和自恋（"像我这样的孩子应得到额外的回报"）。

主要研究结果

1. 父母过度表扬的结果包括：
   ◇ 儿童表现出更多的自恋行为
   ◇ 孩子的自尊水平没有变化

2. 父母带来的温暖会让：
   ◇ 孩子有更高的自尊
   ◇ 孩子不会更加自恋

研究人员得出的结论是，"父母的培训式干预可能是抑制自恋发展的一种有效手段。这种干预可以帮助父母向儿童传达情感和欣赏，而不会向儿童传达自己比他人更优越的感觉"。

　　自从希腊神话人物纳西索斯（Narcissus）宣称"我点燃的火花就是我传递的火炬"以来，自恋这个领域就一直吸引着人们。研究人员将自恋与自尊区分开来，将自恋描述为"强烈地希望自我感觉良好"，而自尊是实际的"自我感觉良好"。与自尊相关的是较低程度的焦虑和抑郁，而自恋则与压力、羞辱感和一系列心理健康问题有关。

　　为了提高孩子的自尊，许多父母之前都被建议慷慨地表扬孩子，用赞美来强化孩子所做的一切好事。不幸的是，研究发现，过分的赞扬不仅意味着降低期望，而且并不能增强自尊，反而会导致本想要避免的自恋行为。

　　同样，其他证据（见本书第17项研究）表明，儿童在1岁时听到的表扬类型可以预测其5年后的思维，与那些听到对其行为、努力和策略表扬的人相比，那些受到对其天生能力和成就表扬的人，更有可能形成固定型思维。

💡 **对父母的启示**

　　本研究的作者指出，"孩子会以自己认为的重要的人的视角看待自己，如同学会了通过其他人的眼睛来看待自己一样"。当父母认为自己的孩子比别的孩子更特殊、更有资格时，孩子可能会将自己很优越的观点内化，这是自恋的核心。但当父母用爱和欣赏来对待孩子时，孩子会认为自己是有价值的个体，这是自尊的核心。

　　上述研究的结果值得我们思考。在急急忙忙中冒着用大锤砸坚果的风险，帮助孩子建立自信，这样的做法效果究竟好不好？其实，积极、诚实、准确的反馈和表扬能提供更好的解决方案。

参考文献：Brummelman, E., Thomaes, S., Nelemans, S., Orobio, B., Overbeek, G., & Bushman, B. (2015). Origins of narcissism in children. *PNAS*, 112(12), 3659–3662.

55　我们遗忘多少

研究概况

1880年，德国心理学家赫尔曼·艾宾浩斯进行了有史以来最著名的研究之一。他想了解随着时间的推移，人们忘记事情的速度有多快。他是第一位试图找到描述遗忘的数学方程的人，这一数学方程称为"遗忘曲线"，它通常是这样呈现的：

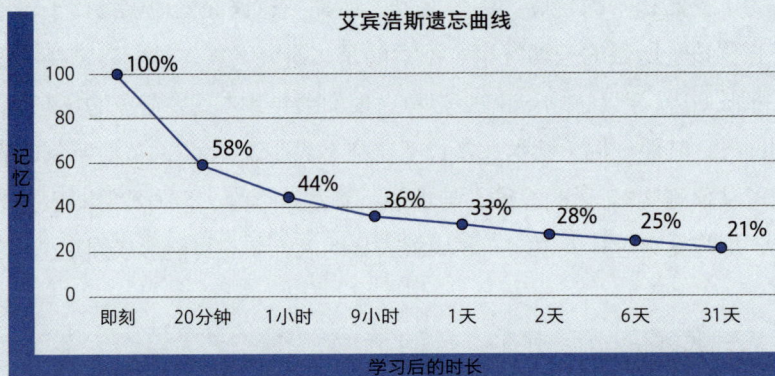

艾宾浩斯遗忘曲线

记忆力（纵轴：0, 20, 40, 60, 80, 100）

- 即刻：100%
- 20分钟：58%
- 1小时：44%
- 9小时：36%
- 1天：33%
- 2天：28%
- 6天：25%
- 31天：21%

学习后的时长

130多年后，来自阿姆斯特丹大学的研究人员试图利用现代统计分析和实验程序来复现和更新这一发现。

主要研究结果

1. 一般来说，艾宾浩斯的发现是重复出现的——人们在事件发生后不久记忆就会下降，随着时间的推移，下降的速度会逐渐减缓。

2. 然而，研究人员发现，在24小时后，人们的记忆力会得到提升，第二天早上比第一天晚上记得更多。这种跳跃源于疲劳对记忆的负面影响，以及睡眠对抗疲劳的作用。

3. 人们倾向于记住所学的第一件和最后一件事情，而不是中间的事情。这分别被称为"首因效应"和"近因效应"。

4. 研究人员认为，"遗忘曲线"并不是一成不变的。最好是将其当作一个指南。

相关研究

在认知、教育与发展心理学领域，越来越多的研究难以重复它们最初的发现。这就是为什么这一研究如此有价值。本研究报告的作者在总结时赞扬艾宾浩斯"为心理学实验设定了新的标准，已经融入了'现代概念'，诸如控制刺激、平衡时间效应、防止选择性停止、统计数据分析和建模等，以找到简明的数学描述并进一步验证其结果。研究结果是一个高质量的遗忘曲线，理所当然地成为该领域的经典。它在其他研究（包括我们的研究）中的重复出现，证明了它的可靠性"。

在过去的几十年里，研究人员在这项经典研究的基础上，研究了学生学习在暑假大滑坡的现象（见本书第73项研究）和"间隔学习"（见本书第4项研究）的作用。他们一致发现，人们经常很快就会忘记信息，特别是如果这部分信息是紧跟在其他信息之后被传输的，而且不会再次出现。

对父母的启示

这一领域的研究对我们孩子的学习方式有着重要影响。随着模块化考试越来越少，现在的挑战是，孩子如何在两年的时间里能以最佳的状态学习大量材料，并且不会忘记。

由于人们经常很快地忘记信息，鼓励孩子定期重温旧话题是很重要的，特别是当他们在家学习的时候。实际上，正是这种遗忘和重新学习的行为，将知识真正地固化到他们的长期记忆中。从本质上讲，每天练习1小时，坚持7天，比在1天内练习7小时更有效——后者会因为艾宾浩斯遗忘曲线的性质而无法达到要求。

这意味着我们不应该假定曾经学过的东西一定会被记住。孩子可能会很自然地陷入关于自己知识储备的陷阱，所以持续间隔地谈论之前的话题，将有助于确保他们记住之前学过的材料。

参考文献：Murre, J. M., & Dros, J. (2015). Replication and analysis of Ebbinghaus' forgetting curve. *PLoS ONE*, 10(7), e0120644.

研究概况

先前的研究发现，当在实验室进行实验时，认为自己拥有成长型思维（即相信自己可以提高）的学生比拥有固定型思维（即相信自己的能力是一成不变的）的学生思考更有成效，在接下来的任务中表现更好。但这是否也适用于现实世界呢？

研究人员对500多名在校大学生进行了为期4年的跟踪调查，以了解成长型思维或固定型思维是否会影响学生的思考、感受和行为。这包括学生如何解释自己的成功、失败和自尊的变化。

主要研究结果

1. 具有成长型思维的学生更有可能：
◇ 使学习目标优先于成绩目标
◇ 将成功归因于努力和学习技能
◇ 对学习成绩感到开心、鼓舞和热情
◇ 在逆境中付出更多的努力或从错误中吸取教训
◇ 在青春期后期自尊增强

2. 具有固定型思维的学生更有可能：
◇ 将即时表现置于学习之上
◇ 将成功和失败都归因于外部因素和不可控的因素，比如运气
◇ 对学习成绩感到苦恼、羞愧和不安
◇ 在逆境面前会放弃努力并感到无助
◇ 在青春期后期自尊下降

🔗 相关研究

先前已有的研究强调了拥有成长型思维或固定型思维的人的不同行为和思考过程，这项研究支持了这一发现并建立在此基础之上。令人鼓舞的是，研究工作正走出实验室，在现实生活中进行检验。

一项有趣的研究发现，帮助学生认识到个性不是一成不变的，将有助于减少他们的焦虑和抑郁症状。同样，帮助学生调整面对压力时的思维，也就是说帮助他们认识到压力并不总是一件坏事，有助于提高他们在面对逆境时的表现（见本书第43项研究）。

这项研究的发现很有趣，即拥有成长型思维的学生更有可能以学习而不是以成绩为目标。另一项研究发现（见本书第5项研究），以学习为导向的学生更有可能在任务上花更长时间，更努力地工作，表现出更强的适应力，选择具有挑战性的任务，会对学习有更多的自豪感和满足感。

💡 对父母的启示

本项研究强调，学生看待自己的方式会影响他们如何解释成功和失败，影响自尊，甚至影响未来的目标。研究还表明，除了学习成绩，成长型思维理论可以从根本上塑造学生对其教育经历的看法，并改变他们对教育控制力的认知。

研究人员指出，拥有固定型思维的学生，"会根据外部因素来解释学习成绩——包括成功和失败——因此，他们真的很无助，认为自己的成功和失败都是无法控制的。从某种意义上说，他们掉入了陷阱：他们为了证明自己能力强而努力争取学业上的成功，但却将成功归为运气使然"。

而具有成长型思维的学生"认为他们想要成绩更好，只需要更加努力或运用更好的学习策略"。父母引导孩子发展成长型思维，是一种很有希望的策略，可以帮助孩子更好地适应学校生活。

参考文献：Robins, R., & Pals, J. (2002). Implicit self-theories in the academic domain: Implications for goal orientation, attributions, affect, and self-esteem change. *Self and Identity*, 1(4), 313–336.

57　学习风格的神话

研究概况

学习风格理论认为，每个人都有"学习风格"，如"视觉学习型""听觉学习型"或"动觉学习型"。此外，采用与学生的学习风格相辅相成的教学方式，学生"将学得更好，表现得更好"。但是，有没有证据支持这一理论呢？

美国的四位心理学教授对所有现有的研究进行了一项彻底的综述，以确定学习风格理论是否站得住脚。

主要研究结果

1. 是学习偏好，而不是学习风格：学生可能对自己想要学习的方式有所偏好。但是，这并不等同于学习风格。偏好是你最喜欢的东西，却不一定是使你学得最好的方法。

2. 缺少积极的发现：研究人员没有发现任何一项研究证明了以学生的"学习风格"教学可以获得更好的结果。

3. 不乏负面的证据：然而，有大量证据表明，用学生最喜欢的方式教学，并不会使学生取得更好的成绩。研究发现，在教育、医学和心理实验室等很多领域，这一结论均适用。

4. 根据教学内容决定如何教授。例如，研究人员指出，"最佳的写作课可能包括大量的语法重点，而最有效的几何课教学模式显然需要视觉空间材料"。

5. 即使研究发现，根据学生的学习风格进行教学会产生积极的影响（事实上还没有发现），这种影响也必须非常大，才能证明所花费的时间、精力和成本是值得的。

2012年，一项调查发现，学习风格的神话仍然在英国盛行，93%的人相信这种说法。我们很难去讨论这一领域的相关研究，因为目前明显缺乏对"学习风格理论"应用效果的研究。这是本研究的核心发现。

然而，另一项研究也值得注意，它发现，教学生综合运用多种感官往往会带来更好的学习效果，因为这有助于保持学生的注意力，同时，也有助于将更多的学习内容储存到他们的长期记忆中。这表明，以学生的学习风格教学不仅效果不佳，而且实际上还会限制学生获得的知识量。

💡 对父母的启示

133

为什么学习风格在教育中如此流行？除了希望将人按风格分类外，本研究的作者还指出，"如果某人或其子女没有在学校获得成功或取得优异成绩，那么，归咎于教育系统，而不是这个人或这个孩子，可能会更舒服一些。换句话说，与其将一个人的失败归咎于缺乏能力或努力，还不如认为错误在于教学没有根据自己的学习风格进行适当的调整"。

这个令人不安的事实为更积极的成长奠定了基础。把更多的精力放在重要的事情上：动机（见本书第40项研究）、学习自觉性（见本书第18项研究）、态度和有效的学习策略（见本书第1项研究），父母可以专注于最能帮助孩子成功的行为。用学习风格等虚假的理由来解释孩子的失败——将失败的原因推给外部，会在短期内让我们感觉更好。但是，从长远来看，它会把孩子归类、隔离开来，阻止我们关注真正能促进孩子成长的策略。

如何科学地帮助孩子学习

参考文献：Pashler, H., McDaniel, M., Rohrer, D., & Bjork, R. (2008). Learning styles concepts and evidence. *Psychological Science in the Public Interest*, 9(3), 105–119.

研究概况

　　与过去相比，现在的家庭一起吃饭的频率大大降低。但是有规律的家庭用餐时间对学生的成长有什么影响呢？研究人员调查了来自213个城市的近10万名学生，以找到答案。

主要研究结果

　　1. 超过一半的年龄较小的青少年每周与家人共进晚餐5—7次。对于年龄稍大的青少年，这一比率下降到了1/3多一点。

　　2. 经常与家人共进晚餐的孩子，以下方面有所增强：

◇ 与父母的沟通

◇ 父母在学校的参与度

◇ 动机水平

◇ 学习投入度和做家庭作业的时间

◇ 自尊

◇ 计划和决策的能力

◇ 对未来的乐观程度

　　3. 经常与家人共进晚餐的孩子，以下情况有所减少：

◇ 饮酒

◇ 吸烟

◇ 吃药

◇ 抑郁症状

◇ 反社会行为

◇ 暴力倾向

◇ 在学校出现问题

其他研究不仅关注了家庭用餐的频率，还关注了家庭用餐时的行为。一项此类研究发现，1/3的孩子在和父母一起吃饭的时候会看电视。孩子少吃蔬菜、多喝汽水和摄入高脂肪食物就与此相关。然而，值得注意的是，这些孩子仍然比那些不经常和家人一起吃饭的孩子有更健康的饮食。

研究还表明，全家共进晚餐有助于青少年养成良好的饮食习惯，这种习惯会伴随他们直到成年。这与其他研究结果一致，儿童时期有规律地吃早餐也有类似的效果（见本书第30项研究）。有证据表明，在过去的30年里，两者（共进晚餐和规律吃早餐）的效果都有所下降，但通过计划吃什么和安排时间一起吃饭，父母可以改变这种情况。

135

如何科学地帮助孩子学习

对父母的启示

尽管这项研究关注的是相关性而不是因果关系，但作者确实认为，"青少年可能会在用餐时的互动中学习社交技能，并发展出更积极的自我价值感"。因此，尽管这项研究本身没有被证实，但一起吃饭有许多积极影响的说法并非没有道理。

这引出了两个有趣的想法。首先，除了为父母提供机会监督孩子吃饭的质量之外，家庭用餐时间还有一个额外的益处，那就是促进了彼此之间的小对话。这意味着潜在的担忧、压力和焦虑可以在它们成为全面危机之前被消灭在萌芽状态。它可以是一个非常微妙但有效的途径，打开父母与孩子的对话路径。

其次，当父母生活忙碌，不得不加班或轮班时，他们如何才能最好地做到这一点？事实上，对此没有简单的答案或方便的解决办法。一起吃饭会带来很大的不同，这意味着即使不可能总是一起吃饭，父母也应优先考虑一起吃饭这种做法。这样做对孩子的性格培养和成绩提升都能产生很大的影响。

参考文献：Fulker, J., Story, M., Mellin, A., Leffert, N., Neumark-Sztainer, D., & French, S. (2006). Family dinner meal frequency and adolescent development: Relationship with developmental assets and high-risk behaviours. *Journal of Adolescent Health*, 39(3), 337–345.

研究概况

技术在教育中发挥着越来越大的作用。现在，学生使用笔记本电脑或平板电脑等电子设备做笔记已经很常见了。但哪种方式记笔记更合适？笔和纸，还是电子产品？

研究人员根据学生使用的设备，调查了不同类型笔记的差异、学生随后在课堂上应用所学知识的能力，以及期末考试成绩。

主要研究结果

1. 用笔记本电脑记笔记的学生在回答概念应用问题时表现更差。

2. 用笔记本电脑记笔记的学生比在纸上记笔记的学生多写了30%的单词。前者也更有可能逐字记录。逐字逐句记笔记不需要学生思考正在记录的内容，因此只会导致浅层学习。

3. 即便老师告诉学生在笔记本电脑上逐字逐句记笔记的代价，对学生也没有产生影响。学生仍然使用笔记本电脑记录。

4. 学生在期末考试前都复习了笔记，用笔和纸记笔记的学生比用笔记本电脑记笔记的学生成绩更好。

相关研究

最近的一项研究未能重复这项研究中的一些发现。目前虽仍无定论，但值得注意的是，其他几项研究也发现，在笔记本电脑上记笔记的学生很难坚持完成任务，因为他们屈服于在线视频、社交网络和购物等众多诱惑。

学生用笔记本电脑记笔记会产生较大影响。研究发现，因为打字的速度比写字的速度快，学生更有可能逐字记录。然而，已有研究证实，这样做会导致较少的认知加工，因此，学生的大脑只能留存下较少的信息。研究人员也建议向学生解释为什么手写笔记的学生表现更好。他们评论说，因为不得不放慢速度，学生只能被迫选择"在记笔记中记录更重要的信息，这使其更有效地学习内容"。

对父母的启示

作者在结论中对使用笔记本电脑记笔记提出了明确的警告，他们说，"使用笔记本电脑会对学生在教育评估中的表现产生负面影响，甚至是——或者特别是——当他们使用电脑的目的是更方便地记笔记时"。从本质上讲，父母应该意识到，科技可能无法提供他们想要的快速、整洁的解决方案。相反，他们应该鼓励孩子思考如何在课堂上记笔记，因为正如作者所说，拥有"适当的困难"是有实际价值的。

这并不是说笔记本电脑不能提供一些独特的学习机会，比如快速获取更广泛的信息，而是说存在机会成本。看待电脑的最佳方式是"适度的谨慎——尽管笔记本电脑越来越受欢迎，但它在课堂上弊大于利"。在争相拥抱科技的浪潮，给孩子更多学习的机会时，我们应该谨慎和小心行事。

参考文献：Mueller, P., & Oppenheimer, D. (2014). The pen is mightier than the keyboard: Advantages longhand over laptop note taking. *Psychological Science*, 25(6), 1159–1168.

研究概况

学生们了解自己的想法吗？还是可能会随波逐流？如果学生认为多数人在做错误的事情，他们也会跟着做吗？这就是所谓的从众效应（The Bandwagon Effect），它描述了当他人都这样做时，一个人做某事的可能性。

研究人员要求一组学生公开说出他们认为一条线有多长。在真正的参与者不知道的情况下，房间里的其他学生都是演员，研究人员要求他们给出错误的答案。那么，真正的参与者会给出正确的答案，还是会跟随小组得出错误的答案？

主要研究结果

1. 在约1/3的实验中，参与者都跟随小组给出了错误的答案。

2. 当他人在场时，75%的学生至少答错一次。

3. 当学生独自一人时，说出正确答案的概率超过99%。

4. 在随后的采访中，跟随小组并犯错的参与者表示，他们之所以这么做，要么是因为信心不足，认为小组最了解情况，要么是因为虽然怀疑其他人都错了，但有一种从众和融入小组的欲望。

所罗门·阿希（Solomon Asch）在自己最初研究的基础上，调查了人们在何种情况下最有可能从众。他发现，说出错误答案的人的数量会产生影响，只有一个人说出错误答案会导致其他人答案的错误率为3%，两个人说出错误答案会将其他人答案的错误率提高到13%，三个人则会导致32%的错误率。增加到三个人以上似乎不会再改变从众水平。

最近的研究发现，在心理实验室之外，也会发生从众效应。例如，其中一项研究发现，如果人们认为酒店的其他客人也重复使用毛巾，他们则更有可能重复使用毛巾（从而节省酒店洗衣成本）。

他人对青少年决策的影响已得到广泛研究。值得注意的是，大部分最危险的决定，如吸烟、未成年饮酒、超速驾驶，都是在他人在场的情况下做出的。这表明我们都容易受到从众效应的影响，青少年尤其如此（见本书第7项研究）。

💡 **对父母的启示**

这一研究从两个不同的层面对父母有着有趣的启示。一是，人们很容易进入"群体思维"状态，即因为很多人认为一个建议很好，就无法批判性地评估建议的质量。当人们以他们所见到的其他父母所采取的方式来教育孩子，而不是选择相信自己的判断时，这一点很明显。

二是，从众效应解释了为什么学生在群体中的思维和行为可能会与他们独自行动时不同。在这项研究中，一些参与者报告说，他们知道自己给出的答案是错误的，但还是因为社交压力这么做了。帮助孩子了解自己的想法，而不是"因为其他人都这样"而做出错误的决定——这可能是最有价值的技能之一，它可以帮助孩子度过棘手的青少年时期。

139

如何科学地帮助孩子学习

参考文献：Asch, S. E. (1951). Effects of group pressure upon the modification and distortion of judgments. In H. Guetz-kow (Ed.), *Groups, Leadership and Men; Research in Human Relations* (pp. 177–190). Oxford, UK: Carnegie Press.

研究概况

运用提取练习复习的学生在压力较大的考试中，能更好地回忆起信息吗？为了找到答案，研究人员让一组学生通过做大量的测试和测验（即提取练习）来复习，另一组学生通过重读课文的关键段落（笔记）来复习。然后，将每组的一半学生分别置于有压力和无压力的环境中，并记录下学生能记住多少。

主要研究结果

1. 使用提取练习进行复习的学生比重读笔记的学生成绩高出17%—26%。

2. 压力的增加使得通过重读笔记学习的学生成绩下降了32%。

3. 压力的增加对进行提取练习的学生的记忆并没有产生负面影响。

4. 提取练习在应对压力对记忆的负面影响方面非常有效，以至于在有压力的情况下进行提取练习的学生比没有压力（通过重读笔记复习）的学生成绩更好。

相关研究

研究发现，由于大脑中释放的皮质醇增多，压力会损害记忆。这就阻断了海马体（大脑中主要负责记忆的部分）附近的通路，使记忆变得更加困难。提取练习为此提供了一种方法——因为练习时必须得出一个答案，所以这一行为在大脑中创造了无数清晰的路径来访问信息，基本上绕过了压力封锁。

有趣的是，压力水平似乎是会传染的，两项独立的研究发现，父母的压力水平往往会传递给孩子，就像教师的压力水平会传递到学生身上一样。然而，有证据表明，压力并不总是一件坏事（见本书第43项研究）。压力过小，人们就会感到昏昏欲睡、漠不关心。然而，由于过度的焦虑和注意力集中，过多的压力会导致记忆力下降。因此，压力似乎适用于"金发女孩效应"——适量的压力才有助于提高成绩。

对父母的启示

这项研究表明，无论是小测验、多项选择测试、论述题还是口头回答问题，通过告诉孩子提取练习的重要性，父母不仅可以帮助孩子更快地学习，也更能确保他们在期末考试的压力下，仍可以获取这些知识。

这一研究给孩子的信息再清楚不过了：不要为了考试而学习。为了学好，（平时）要做大量的测试。通过这种方式，孩子会学到更多，并在压力下表现得更好。这意味着，孩子能够在最重要的时刻做到最好。

参考文献：Smith, A. M., Floerke, V. A., & Thomas, A. K. (2016). Retrieval practice protects memory against acute stress. *Science*, 354(6315), 1046–1048.

研究概况

看他人完成一项任务是否会让人产生一种不准确的、过度膨胀的自信，以为自己也能完成这项任务？研究人员对此进行了一系列研究，让参与者观看其他人成功地完成一些任务，包括桌布魔术、太空步、玩飞镖和在线视频游戏。然后，研究人员测量了参与者的自信程度，继而让其完成这些任务，来评估自信的准确性。

主要研究结果

1. 人们看到别人使用某项技能的次数越多，就越有可能相信自己也能做到。

2. 更多并不总是意味着更好。与只看一次相比，多次观看别人完成并不能提高自身的实际能力。

3. 有趣的是，当人们必须去阅读或思考一项任务时，信心并不会增加。

这种自信的增加只发生在看到别人这样做的时候。

4. 这种通过多次观察他人而获得的虚假信心，来自知道"该采取什么步骤，而不是采取这些步骤时的感受"。

　　其他证据表明，即使从多个角度和慢动作来观看一位熟练的表演者，单凭视觉也不足以掌握一项技能，因为"不管人们看了多少次表演，都不会获得一项关键的东西：动手做的感觉"。研究确实表明，观察别人比什么都不做要好，但要真正发展才能和专业技能，需要大量的时间来刻意练习。

　　最近一项调查问学生，要想帮助自己最大限度地学习新材料，他们会首先选择以下哪个选项：（1）观看他人完成任务；（2）阅读相关内容；（3）听指令。总的来说，学生们认为观察别人的表现是最简单、最有效的策略。但这项研究的结果表明，这可能不是一个明智的选择。正如研究人员得出的结论那样，"虽然人们可能觉得自己正在学习眼前运动员、艺术家、技术人员表演的技能，但这些技能往往看起来容易做起来难"。

对父母的启示

　　以往的研究表明，往往是那些学习最困难的学生更容易产生虚假信心。这被称为"邓宁-克鲁格效应"（见本书第16项研究）。看着别人多次成功地完成一项任务可能会使情况变得更糟，因为这会导致"对后续训练所需练习的种类和数量产生误解，因而不去做充足的准备"。

　　这表明，虚假信心是知道每一步要做什么，但缺乏实际行动带来的第一手经验的结果。前者培养信心，而后者培养能力。因此，向孩子展示该做什么可能是一个好的开始，但是为了使学习真正有效，他们真的需要自己练习。

参考文献：Kardas, M., & O'Brien, E. (2018). Easier seen than done: Merely watching others perform can foster an illusion of skill acquisition. *Psychological Science*, 29(4), 521–536.

研究概况

最受学生欢迎的复习策略之一就是反复阅读笔记。多年来的大量研究强调，这可能是一个相当无效的方法，尽管如此，它仍然被广泛使用。那么，如果学生要阅读笔记，他们怎样才能以最有效的方式来做呢？为了找到答案，研究人员进行了一次大规模文献综述，涵盖了65项有关该主题的不同研究。

主要研究结果

1. 背景语音、噪音和音乐都对阅读理解有负面影响。对儿童和成人来说都是如此。

2. 研究人员发现，"有95%的可能性，抒情音乐比非抒情音乐更令人分心"。

3. 背景演讲和音乐都是最大的干扰，而且两者造成的注意力分散程度可能一样。

研究人员评论说，这令人惊讶，因为"大多数人认为抒情音乐在主观上比可理解的语言更少造成分心"。

　　这项研究提供的宝贵见解在于指出，简简单单地重读一遍笔记是学生最欢迎的备考方式之一，但也是最低效的方式之一（见本书第1项研究）。另一些研究则强调，如果学生打算将阅读作为主要的学习手段，就应该大声地把笔记朗读出来（见本书第29项研究）。此外，我们还要尽量减少阅读环境中的噪音，因为它本质上就是在分散注意力。其他研究得出的在学习时听歌会对考试成绩产生不利影响的结论也佐证了这一点（见本书第15项研究）。

　　话虽如此，阅读并不只是为了提高学习成绩。把阅读作为一种乐趣，可以扩充词汇量、改善心理健康和夜间睡眠质量、延缓晚年的心智衰退等等。而成长期正是培养这种愉快的阅读态度的黄金时段，这也意味着学校和家长此时的作用至关重要（见本书第46项研究）。

💡　**对父母的启示**

　　此类研究意义重大，因为阅读占用了孩子大量的独立学习时间。其结论也一目了然："背景里的噪音、讲话和音乐几乎总是让人分心，即便影响算不上大。"鉴于多项研究报告都指出，超过50%的学生在有背景音乐的环境里学习或是做作业，上述结果或许有助于改善他们的学习习惯。

　　改变这种情况的核心是围绕着一个三步走的计划。首先，应该鼓励孩子自我反省目前的学习习惯，看看自己是否正在犯一些本可以避免的错误。其次，我们要让孩子理解在外界声音过大的环境中阅读和复习的坏处。最后，我们要尽可能地最小化孩子在阅读时的背景音，这样会产生积极的效果。

参考文献：Vasilev, M. R., Kirkby, J. A., & Angele, B. (2018). Auditory distraction during reading: A bayesian meta-analysis of a continuing controversy. *Perspectives on Psychological Science*, 13(5), 567–597.

研究概况

从小学升入中学的过渡阶段可能会是学生的困难时期。年纪尚小的学生不得不面对崭新的环境和更繁重的课业，同时还要忙于构建更多元的师生关系。有证据表明，这些压力可能会在一开始让学生的成绩下降，并让他们对于学校的态度变得更消极。

对于如何能更好地帮助学生应对这种转变，研究者近期做了一定的探索。为了尽可能避免评估中出现任何偏见，他们进行了双盲实验。这意味着对于自己到底是身在实验组还是对照组，无论是参与的教师还是学生都一无所知。在该项研究中，实验组被告知在升学初期可能会出现融入困难的情况，以及有关如何更好地适应新的学习和社交环境的建议。他们还获知自己可以在这过程中得到支持。最后，实验组的学生还被要求思考他们会如何应对假想的状况。

主要研究结果

1. 报告中实验组的学生有着：
   ◇ 对学校更高的信任程度
   ◇ 社会归属感
   ◇ 更低的焦虑水平

2. 实验组在后续学习中获得的总体分数更高，并且低分（D和F）更少。

3. 实验组的学生平均比对照组的学生低12%的缺勤率，并且被记录进PBIS[1]报告的行为问题比对照组的学生少34%。

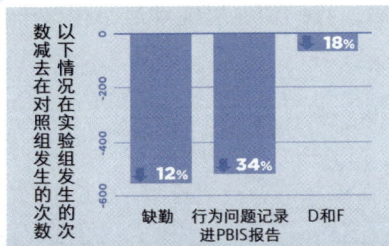

① PBIS是"积极行为干预和支持"（Positive Behavior Interventions and Supports）的缩写。它是一种积极主动的系统方法，以建立行为支持和社会文化，帮助所有学生取得社会、情感和学业上的成功。如果一个学生在遵循理想行为方面有困难，老师会在PBIS报告中记录下他（她）的行为和随之而来的后果。这本身并不是一种"惩罚"，而是一种收集信息的手段，以此来预测学生的行为趋势，并判断应该如何进行正向干预。

从小学到中学的过渡总是充满了困难和纠结，因为这个年龄段的学生恰好正经历着许多身心变化。一些研究表明，这种变化带来的压力在进入一所新学校时会被放大，因为学生此时要面对更重的课业负担、更多元的师生关系，甚至是更大的教学楼。

多项研究发现，由升入中学引起的压力常常伴随着负面影响，这其中包括了学期初的成绩骤降、自尊心受挫以及对教师的态度开始变得消极。一项研究提出了可能的应对办法。哥伦比亚大学和斯坦福大学的研究人员对青少年展开了两年多的跟踪调查。调查发现，学生的思维影响了他们应对转变的能力。其中，拥有"成长型思维"的学生（见本书第5项和第56项研究）更有可能获得好成绩、实现学习目标、重视努力并采取积极的应对策略。相比之下，拥有固定型思维的学生会有更多的无助感。

针对升学阶段的研究也涉及了本科新生。最近的一项研究发现，应对变化的关键是保持远见、保证身体的健康以及创建并维持属于你的支持网络。

对父母的启示

父母对于学生升入中学的支持，应该从小学毕业前就已经开始。过去的研究发现，组织学生参观中学、提供准确的信息来设定预期，以及掺入少量次年的教学内容都会起到帮助。该研究同样证实，事先消除学生的顾虑（例如大多数学生常会担心自己能否融入或者可能会不知所措）将有助于过渡。

父母可以构想一些孩子将不得不面对的场景，这些场景能帮助他们更好地了解孩子当下的感受。这也有助于和孩子共同讨论和探索可能的解决方案，使升学变得更顺利。

参考文献：Borman, G. D., Rozek, C. S., Pyne, J., & Hanselman, P. (2019). Reappraising academic and social adversity improves middle school students' academic achievement, behavior, and well-being. *Proceedings of the National Academy of Sciences*, 116(33), 16286–16291.

研究概况

"生产效应"是指，如果学生在学习的同时也创造出了某些新的东西，将有助于他们把学习的内容巩固为长期记忆。对此已有了不少研究，比如让学生为其同学上一堂自己设计的课，或者是让学生把学习的内容大声地念出来（不同于默读，"念"这个行为本身意味着从文字"生产"出声音）。

但如果是让学生把他们在学的东西画出来呢？这其中是否也有"生产效应"呢？来自德国和美国大学的研究者针对这个问题进行了合作。他们将又读又画的学生与那些只阅读文字材料的学生进行了比较。他们还另外试验了只画不读，以及直接把画好的图示交给学生这两种情况。

主要研究结果

1. 又读又画的学生在期末测验中的表现明显更好。这个结果也适用于他们在理解力测验中的表现，以及当要求他们重现自己绘制的图示时的表现。

2. 又读又画的学生需要更多的学习时间（绘制图示本身就要花费时间）。然而，进一步分析显示，并非只是额外的学习时间使得这些学生的表现更好，绘制图示这个行为本身就起到了很大的作用。

3. 又读又画的学生在学习中更为努力。这可能是因为他们受到自己表现进步的鼓励。

4. 相比直接收到已完成图示的学生，那些自己绘制图示的学生在后续测验中表现更好。

🔗 相关研究

关于绘制图示对学习的影响，在过去的30年内已有过多次研究和验证。此次，研究人员总结了这些发现，并进行了解释："经过绘制图示，学习者不再一味地被动接收信息和知识，而是主动参与了选择、组织和整合要学习的内容的认知过程。因此，绘制图示对于学习者来说是一种认知学习策略，它旨在促进文本学习，在使用充分且得当时能够提高学习成果。"

后来，他们在总结这一领域的一项开创性研究时进一步阐述了这一点，他们指出，这三个步骤有助于绘制图示学习："首先，学习者从文本中选择相关的重要信息。其次，对选定的关键信息进行组织，建立文本信息的内部语言表述。最后，学习者构建文本信息的内部非语言（视觉）表述，并将其同语言表述和相关的原有知识联系起来。"本质上，它可以帮助学生选择、组织和回忆信息，并将之巩固为一种长期的知识。

💡 对父母的启示

研究人员强调，在这个实验中他们给了学生一些有关如何绘制图示的提示和大体的方法。这么做可以在给学生一个基本框架的同时，也给予他们相应的自主权——学生有必要自己想方设法画出图示。如果父母希望孩子在家准备考试时用此方法，应将这一点牢记于心。

学生学习的另一种流行方法是创建思维导图，其中的主题、概念和关键点相互关联。然而，许多学生经常只写了词语而没有画图。这项研究表明，让学生结合图片和图示可能是帮助他们加快学习的另一种方法。

参考文献：Schmeck, A., Mayer, R. E., Opfermann, M., Pfeiffer, V., & Leutner, D. (2014). Drawing pictures during learning from scientific text: Testing the generative drawing effect and the prognostic drawing effect. *Contemporary Educational Psychology*, 39(4), 275–286.

66 父母的参与

研究概况

父母的参与能够怎样影响孩子的成绩？有许多人对该领域的研究很感兴趣。虽然有多种方法可以对父母的参与进行定义和评估，但主要还是取决于两个方面：父母同学校的配合度和在家时的参与度；以及父母对孩子的教育、对学校和老师的态度有多积极。

一项针对158名小学年龄段学生的研究透露了一些信息。该研究追踪了多方面的因素，包括父母的参与程度、学生的智商、学业表现、学术能力感知[1]以及师生关系。这些因素通过标准化测试和教师问卷来进行评估。

主要研究结果

1. 父母的参与度和孩子的学业表现有着积极的关联，其影响超越了因孩子的智商差异而导致的区别。

2. 剔除了智商因素后，父母的参与和以下两点有积极的关联：
   ◇ 学生和老师有着良好的关系
   ◇ 学生如何认识自己的认知能力

3. 一旦将师生关系也计算在内，父母的参与度就难以直接预测孩子的学业表现了。这足以说明师生关系的重要性。

研究者也指出了该研究本身的一些局限。由于有的评估指标的数据是基于教师的看法和意见而获得的，这或许就会导致一些偏差。"尤其是一些教师可能会被外界因素过分影响，比如因为家长是该校家长教师协会的一员，所以无法确定这位家长对孩子教育的真实态度。"

---

[1] 学术能力感知量表（Perceived Academic Competence Scale）由阿尔萨克（Alsaker）于1989年设计，用于测量与学术领域直接相关的自我评价。最初的量表是一个7项6分的李克特量表。

有大量的研究强调了父母的参与同孩子成绩之间的积极联系。事实证据表明，相比实际的考试结果，孩子更在意父母对自己学习能力的信赖（见本书第39项研究）。

一项此类研究（见本书第9项研究）发现，父母对孩子成绩影响最大的两种正面行为，分别是对子女抱有较高的学业期望，以及和他们保持定期的沟通。但过犹不及，父母也需要谨慎行事。如果期望值过高，就会弊大于利，因为这样会增加压力，从长远来看会降低孩子的积极性。

研究还发现，父母的参与有助于促进师生关系。这是一个有趣而重要的发现，因为许多研究强调了健康的师生关系能带来诸多好处。所以，只要是有助于这种关系的行为，我们就理应赞赏和鼓励。

151

对父母的启示

这项研究的研究人员描绘了一幅清晰的画面，他们认为，父母的"态度与孩子的学习成绩有关"。那么，父母如何在日常生活中实际运用这项发现呢？

似乎没有一种固定的方法来做到这一点，因为"需要纵向研究来了解这些变量如何随着时间的推移而相互作用"。因此，这项研究的发现虽然与之前的研究同步，但应该考虑这一观点。就目前而言，提供温暖、支持、高期望和良好的参与度可能是最好的途径。

参考文献：Topor, D. R., Keane, S. P., Shelton, T. L., & Calkins, S. D. (2010). Parent involvement and student academic performance: A multiple mediational analysis. *Journal of Prevention & Intervention in the Community*, 38(3), 183–197.

研究概况

为什么学生会在当下做出一些不利于将来的决定呢？该问题尤其适用于那些有必要为了下一场将会左右未来的考试而做好充足准备的学生。他们很清楚这场考试的重要性，可一旦到了需要准备和复习的时候，就未必总能在当下做出合理的决策。假如父母能搞清这背后的原因，就有望在孩子学习生涯的这些关键时期更好地引导和指点他们。

幸运的是，思维偏差领域的专家已为此研究了许久。为什么我们会做出某些决定或者选择一些体验，尽管从长远来看它们并未使我们快乐？结合数十年来的研究成果，来自芝加哥大学的心理学家总结了其中的原因。

主要研究结果

人们未能做出最佳选择是因为他们未能准确地预见未来，以及未能贯彻自己的初衷。

1. 未能预见未来的原因
影响力偏见

人们常常高估正面事件的强度和持续时间。这说明我们以为快乐会变得更强烈也更持久。

投射偏见

我们会将眼下的感受投射到未来的事件当中，即便两者毫无瓜葛。举例来说，研究者表示："如果在人们晚饭刚结束时，要求他们预计自己隔天一早面对丰盛的早餐时会有多享受，这时人们的预期普遍都很保守。他们的出发点就好像是既然自己现在饱了，明天早上也依然会觉得很饱一样。"

记忆偏见

在预测未来的事件时，我们会依赖自己在过去面对类似事情时的感受。但记忆是不可靠的，它很容易被篡改而且漏洞百出。

2. 未能贯彻初衷的原因
冲动

面对一个好的事物，许多人宁愿现在就体验，也不愿在未来更多、更长久地享受它。

囿于规则的决定

恪守严格的规矩或是死咬着所谓"我有义务""我应当"要去做的事不放，会让人们在这样的特定环境中对自己过于严苛，从而忘记去做真正需要做的事。

　　这项研究巧妙地归纳了导致人们做出错误决策的其中两个原因：我们不善于预见未来，也难以贯彻自己的初衷。就前者而言，本次的发现和前人的研究结论一致，即我们不太擅长猜测一项任务的耗时（见本书第2项研究）。部分原因在于我们对时间的感知力非常糟糕，并且存在记忆偏见，于是就容易高估自己在某次经历或事件结束时的瞬间感受（见本书第76项研究）。

　　关于难以贯彻自己的初衷，证据显示仅在任务开始时获得激励通常是不够的（见本书第6项研究）。要将意向转化成行为上的改变，拥有延迟满足的能力极为关键（见本书第11项和第26项研究）。通过在短期内吃一点苦，我们就能获得更长远的成功。但说起来容易做起来难，因为人们很容易就会掉进即时奖励的泥沼。此外还有证据表明，大脑差异的存在让某些人相较于他人更难做到延迟满足。幸运的是，其他研究提供了一些改善的办法。例如，假若学生信任给他们指导的人，而且他们周围的环境始终可靠，就可以提高他们延迟满足的能力。

💡　对父母的启示

　　伴随着年龄增长和每一次升学，学生独立学习的能力也变得日益重要。无论是在家里还是在学校，这些自主的学习时间都会对他们的考试（和未来生活）产生巨大的影响。因此，无论是什么东西，只要能证明可以帮助学生做出更为正确的长远选择，就值得我们欢迎和接纳。

　　方法之一是帮助孩子反思过去的经历，并让他们根据不同的结果去设想自己未来的感受。这是让他们成为更好的独立学习者的一个良好途径。另外，消除短期干扰、保持充足睡眠（见本书第24项和第72项研究）以及设定有效的目标，能够提高孩子对于冲动的控制力。

如何科学地帮助孩子学习

参考文献：Hsee, C. K., & Hastie, R. (2006). Decision and experience: Why don't we choose what makes us happy? *Trends in Cognitive Sciences*, 10(1), 31–37.

研究概况

处于同一个年级的孩子，早出生还是晚出生对他们的表现会有怎样的影响？已有的面向小学年龄段学生的研究认为这种影响是巨大的。考虑到在小学入学时，同一年级中最年长的孩子与最年幼的孩子的年龄差可能达到20%，得出这个结论也就不足为奇了。

年龄差距对学业能力产生的实际影响将会逐年减弱，但它在学生对学业能力的自信方面又扮演着怎样的角色呢？为了解答该问题，研究者近期做了一项测试。他们监测了超过10 000名15岁的澳大利亚学生，监测的指标包括这些学生的年龄、自信水平和大学申请的情况。

主要研究结果

1. 与同学相比，同一年级中较为年长的学生普遍认为自己在这些方面更有优势：

◇ 数学能力
◇ 语文能力
◇ 总体的学业能力

2. 剔除了实际的学业成绩这一变量后，在同年级中更为年幼这一情况对于今后就读大学的可能性产生了负面影响。

3. 然而，如果自信处在了一个高水平，那么在同年级中更为年幼就不会有任何重大影响，而自信本身是具有极强可塑性的。

🔗 相关研究

"相对年龄效应"（The Relative Age Effect）这个术语指的是，在同一年级中较为年长的那些孩子往往有着更优异的表现。一项针对5—7岁儿童的研究发现，孩子出生的月份和他们在拼读测试中的表现存在着关联。在测试中，同一年级中早出生的孩子表现得明显更好。

事实上，来自教育数据实验室的证据专门指出，"相对年龄效应"的影响在小学阶段比中学阶段更为显著。部分原因在于，作为分母的平均年龄越小，作为分子的年龄差所占的百分比也就越高。

其他学科领域的研究表明，该效应的影响比许多人所知的更为普遍。关于相对年龄效应在体育运动中的影响，近期的一项研究结合了38项不同研究的结果。这些研究跨度为23年，涉及14个体育项目和16个国家。人们发现：同一年度的年龄组里，每两个参与者出生在第四季度，就有超过三个参与者出生在第一季度。具体来说，研究人员发现无论是在休闲体育还是竞技体育项目的同一年龄组中，最年幼的孩子入选14岁以下级别比赛以及15—18岁地区或国家级比赛的概率更小，而且他们今后成为精英运动员的概率也比同年龄组的其他孩子要低。

💡 对父母的启示

"相对年龄效应"可能会引发轻度的"自证预言效应"（The Self-Fulfilling Prophecy）。晚出生意味着这些学生在生理、情感和认知上都落后于更为年长的同龄人。但是，假如他们因此被视为不够聪明或者有行为障碍，就会长期背负着这样的标签，从而愈加导致老师、父母甚至是他们自己习惯于戴上有色眼镜，相信这个标签会跟随他们一辈子。所以父母务必要对事不对人，在向孩子提供反馈时要专注于任务本身，还要时刻留意他们完成任务的过程以及自我调整（见本书第44项研究）。

如何科学地帮助孩子学习

参考文献：Parker, P. D., Marsh, H. W., Thoemmes, F., & Biddle, N. (2019). The negative year in school effect: Extending scope and strength- ening causal claims. *Journal of Educational Psychology*, 111(1), 118–130.

研究概况

多年以来在认知心理学领域的研究发现，诸如提取练习、间隔学习等复习策略，远比死记硬背和重读笔记之类的方法要来得有效。

现有的研究让我们对此已有了一定的了解，不过疑问依然存在。学生在复习阶段为自己选择最佳策略的可能性有多大？个人心态对他们的选择，对他们做好复习的动力，以及高效达成这个目标的能力分别会有怎样的影响？近来，研究者希望能够给出解答。

主要研究结果

1. 最流行的复习策略是重读信息，有75%的学生声称他们经常这么做。

2. 66%的参与者表示他们会使用某种形式的提取练习，其中最常见的是使用抽认卡（40%）和进行自我测验（46%）。

3. 学生选择间隔学习的频次（39%）和选择死记硬背的频次（36%）非常接近。

4. 61%的学生表示他们会选择学习距离截止日最近的课题或学科，只有20%的学生会安排先后次序并学习自己最薄弱的科目。这说明最后期限要比复习安排更易为学生带来动力。

5. 相比于像重读笔记这样更低效的策略，具有成长型思维的学生更有可能重视高效的复习策略，比如提取练习。

6. 具有成长型思维的学生更有可能受内因激励而去复习，而具有固定型思维的学生则更需要外因的推动。

🔗 相关研究

先前有研究对有效学习的策略进行了排名（见本书第1项研究），本项研究是基于该项研究的基础上的。该项研究发现，诸如"提取练习"（见本书第20项研究）、"间隔学习"（见本书第4项研究）和"交错学习"（见本书第75项研究）之类的策略要比仅仅重读一下笔记更加有效。现在，这项研究帮助我们将这些优秀的策略与最流行的策略进行了比较。其作用和意义在于指出了一个不幸的事实：对于许多学生来说，他们拿来当作宝贝一样每天使用的策略恰好是效果最差的那个。

这项研究还建立在先前对成长型思维的研究（见本书第5项研究）的基础上。迄今为止，该研究重点关注了不同思维的学生有着怎样的感受。其证据显示，具有成长型思维的学生大多数在学业表现方面更加努力上进、情绪更加稳定且有更高的自尊（见本书第56项研究）。据我们所知，这是首次将思维同复习技巧联系起来的研究。

💡 对父母的启示

本项研究的研究人员总结了他们的部分发现："那些相信智力可以通过努力提高的人更有可能重视自我测验的教学效益，也更有可能重新学习，并且具有内在的学习动机。"他们主张对其研究发现保持一定的谨慎性——"我们的报告（仅）是具有关联性的"，但"很有可能有效的自我调节学习需要一方面理解什么样的学习策略才是有效的，另一方面认识到困难和努力是学习过程的核心，而不是学习失败的信号"。

这表明父母可以采用双管齐下的方法来帮助孩子更好地学习。其一，可以教给孩子不同类型的学习策略，强调其益处和如何有效地利用它们。其二，帮孩子将他们的成功归结于内因，比如努力和学习。这样，孩子可以通过发展内在动力获得思维上的成长，从长远来看这种动力更强大也更为可靠。

参考文献：Yan, V. X., Thai, K. P., & Bjork, R. A. (2014). Habits and beliefs that guide self-regulated learning: Do they vary with mindset? *Journal of Applied Research in Memory and Cognition*, 3(3), 140–152.

研究概况

认知负荷理论（Cognitive Load Theory）强调工作记忆是有限的，如果工作记忆过载，就会阻碍信息从工作记忆向长期记忆转化。这会对学生的学习量产生影响。

从两个或者更多来源接收信息会给工作记忆带来负担，因为注意力太过分散了。这就是众所周知的分散注意力效应（The Split-Attention Effect）。为研究这一问题，研究人员进行了测试，以了解那些看到"集成"图表（即图表中嵌入信息）的学生是否比看到"常规"图表（即图表下有附加信息）的学生表现得更好。

主要研究结果

常规标注
1. 主动脉
2. 右心房
3. 左心房
4. 右心室
5. 左心室

集成标注
主动脉
右心房
左心房
左心室
右心室

1. 相比那些必须要在文字说明和常规图表之间来回观看的学生，另一些拿到了植入信息的集成图表的学生只需花费更少的时间便可处理信息。

2. 拿到了集成图表的学生在针对该内容的考试中也表现得更好，平均获得了高出22%的分数。

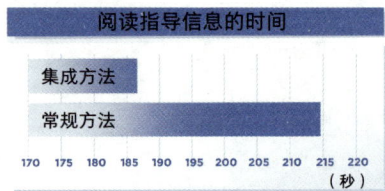

阅读指导信息的时间

集成方法
常规方法

170 175 180 185 190 195 200 205 210 215 220
（秒）

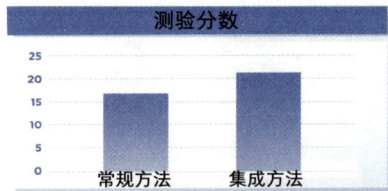

测验分数

25
20
15
10
5
0
常规方法　集成方法

🔗 相关研究

这一研究是帮助我们理解认知负荷理论的开创性研究论文之一。它建立在一项关于工作记忆的最具标志性的心理学研究基础之上，该研究发现，当参与者在屏幕上一次性看到一系列数字时，他们只能准确地回忆起7±2个数字。

当前这项研究被称为"分散注意力效应"，是认知负荷理论的一部分，它强调了在要求学生分散注意力，同时关注两个信息来源时，是如何导致认知负荷的（见本书第35项研究）。认知负荷理论的另一部分是"冗余效应"（The Redundancy Effect），即在学生学习时，给他们不相关的信息会阻塞其工作记忆。这意味着学生记住了错误的信息，而不是你真正希望他们记忆的内容。这也从一方面解释了为什么一边听带有歌词的音乐一边复习并非良策（见本书第15项研究）。

💡 对父母的启示

如果孩子从两个或者更多的地方接收信息，其工作记忆就会受到严重影响。在不同的信息来源之间切换会导致孩子记忆的内容更少，因为他们的精力和资源都花费在试图同时处理几件事情上。这也就是为什么让孩子使用集成图表比传统图表更有裨益。

如果孩子现在必须要学习复杂的内容（即孩子之前没有学习过的知识），那么，他们越需要分散注意力，就越有可能出现认知负荷。而如果学习内容易于理解，或者孩子曾多次遇到过相关的内容，则应该逐渐增加学习内容的复杂性。

认知负荷理论也面临着一些挑战。众所周知，实际去测量认知负荷是困难重重的（或许是无法实现的）。同样值得注意的是，认知负荷理论谈论的是优化负荷，并不一定是减少负荷。最佳的方法是通过"金发女孩效应"来思考——数量必须恰到好处。过多的认知负荷意味着信息会丢失，而认知负荷过低则意味着孩子学的内容不够。

参考文献：Chandler, P., & Sweller, J. (1992). The split-attention effect as a factor in the design of instruction. *British Journal of Educational Psychology*, 62(2), 233–246.

研究概况

学生在成长过程中可以使用的电子设备越来越多，包括手机、电视、电脑和平板电脑等。因此，这一领域也备受教师和家长的关注。

但是，研究结论是如何来评述屏幕时间的成本的呢？很难说在屏幕前花多少时间才算过多；然而，最近一项针对现有研究的综述确实指出了一些非常有趣的发现。

主要研究结果

1. 更多的屏幕时间与以下情况密切相关：

◇ 肥胖的可能性

◇ 抑郁症状

2. 有适度的证据表明，更多的屏幕时间与以下情况有关：

◇ 不健康的饮食

◇ 食用高能量密度食物

◇ 生活质量下降

3. 有相对较弱的证据表明更多的屏幕时间与以下情况有关：

◇ 行为问题

◇ 焦虑

◇ 过度活跃和注意力不集中

◇ 健康状况不佳

◇ 睡眠质量下降

4. 研究人员还发现，每天少量的屏幕时间是无害的，而且可能还有一些益处。

另一项研究调查了4万多名年龄在2—17岁的学生，该研究发现，屏幕时间越长，幸福感越低。长时间使用屏幕（每天7小时以上）的学生往往缺乏好奇心和自制力，情绪不稳定。该研究还发现，即使是适度使用屏幕（每天4小时）也会降低心理健康水平。

大多数关于屏幕时间对青少年影响的研究都集中在电视上，对电脑和手机的研究较少。话虽如此，目前对后两种技术的研究也正在增多。例如，有证据表明，过度使用手机会产生不良影响，部分原因是手机很难让人专注于手头的工作（见本书第25项研究）。也有研究指出，在睡前两小时使用手机，会对睡眠产生负面影响（见本书第34项研究）。

关于与屏幕时间存在微弱关联的情况，如行为问题、焦虑，以及健康水平和睡眠质量下降等，研究人员强调，"重要的是要注意，这里指出证据薄弱主要是由于缺乏相关文献，而不代表联系不密切"。这表明，在我们得出确切的结论之前，还需要进行更多的研究。

对父母的启示

风险在于，在将技术应用于学习时，过度热衷可能会带来超出我们认知的影响。应用技术显然会带来一些好处，如获取信息和远程学习。然而，技术的应用也的确存在一些弊端。例如，一项研究（见本书第59项研究）发现，当学生需要在实践中运用所学知识时，记电子笔记的学生通常表现得更糟（虽然这一结论不总是重现）。

考虑到这项研究中与屏幕时间有关的潜在的负面影响，我们很容易发现，如果一方面教导孩子过多的屏幕时间是有害的，另一方面又鼓励孩子在学校作业中大量应用技术，他们可能会接收到不明了的信息。希望有更多的研究可以帮助我们指明方向。

参考文献：Stiglic, N., & Viner, R. M. (2019). Effects of screentime on the health and well-being of children and adolescents: A systematic review of reviews. *BMJ Open*, 9(1), 1–15.

研究概况

规律的睡眠非常重要。几十年的研究发现，更好的成绩、注意力、记忆力、情绪、健康和幸福都与良好的睡眠有关。尽管如此，许多学生还是达不到推荐的睡眠量。

因此，良好的睡眠习惯是每个父母都应该为孩子考虑的事情。但是，父母对孩子实际睡眠时间的预测，其准确性有多高呢？为了验证这一点，澳大利亚的研究人员对300名青少年自我描述的睡眠时间与其父母预估的睡眠时间进行了比较。

A PARENT'S GUIDE TO THE SCIENCE OF LEARNING

主要研究结果

1. 在上学日晚上：

◇ 父母认为的孩子睡觉时间比实际情况要早15—20分钟。

◇ 父母认为孩子每晚睡了将近9个小时，而孩子实际睡眠时间为将近8小时。

◇ 父母非常准确地知道孩子早上什么时候醒来。

2. 周末晚上：

◇ 父母认为的孩子睡觉时间比实际情况要早20—30分钟。

◇ 父母认为孩子每晚睡了将近10个小时。实际上，孩子的睡眠时间远远低于这个数字。

◇ 父母认为的孩子醒来的时间要晚于实际情况，部分预估时间几乎比实际情况要晚1个小时。

3. 总体而言，与上学日相比，学生在周末睡得更晚、睡得更久、醒得也更晚。

其他研究强调了学生在睡眠上经常犯的错误。这些问题包括过度使用手机或平板电脑（见本书第34项研究）、入睡时间不固定、白天午睡时间过长、深夜喝高能量的饮料、过度思考第二天要做的事情等。鉴于睡眠具有重要意义（见本书第24项研究），父母有必要探索如何促进孩子拥有更优质的睡眠。

最近的一项研究可能已经初见成效。该研究调查了如果鼓励高年级的学生在考试期间多睡觉，他们是否会照做，以及如果是这样，是否会取得更好的成绩。研究人员会为每晚睡眠至少8小时的学生额外加分（值得注意的是，对于年龄更小的青少年来说，8小时仍然低于推荐的睡眠量）。研究人员发现，71%选择8小时睡眠的学生获得了所需的睡眠量，并且比那些睡眠不足8小时的学生成绩更好（即使不将额外的加分计算在内）。

💡 对父母的启示

研究人员指出，"鉴于许多生物心理社会学因素使青少年倾向于推迟入睡时间，再加上他们有在睡前使用电脑、手机和听音乐的习惯，父母可能无法准确预估其睡眠时间"。这一点很重要，因为该研究的证据表明，"青少年睡眠受到的限制可能比其父母所认为的要多得多，如果没有意识到子女的睡眠时间不足"，父母或许就"不太可能采取行动"。

因此，告诉孩子睡眠的益处和如何避免常见的睡眠错误是至关重要的。这为积极培养更好、更有益的夜间作息习惯创造了平台，打下了坚实的基础。

参考文献：Short, M. A., Gradisar, M., Lack, L. C., Wright, H. R., & Chatburn, A. (2013). Estimating adolescent sleep patterns: Parent reports versus adolescent self-report surveys, sleep diaries, and actigraphy. *Nature and Science of Sleep*, 5, 23–26.

73 暑假学习大滑坡

研究概况

　　学校放暑假可以追溯到中世纪。当时有许多宗教节日，而且由于农业历史，许多孩子夏季要在家庭农场的田里劳作。但是，如今暑假对学生的学习有什么影响呢？放暑假对于所有学生、所有学科的影响是等同的吗？20多年前的一项开创性研究广泛地综述了相关的文献，很值得一读。

主要研究结果

1. 暑假的影响：

　　◇ 平均而言，经过暑假，学生相当于退步了一个月。

　　◇ 学生的数学能力受到暑假学习退步的影响最大，阅读技能也会受到负面影响，但影响没有那么大。

2. 谁会受到暑假学习退步的影响？

　　◇ 证据表明，中产阶层的学生受到暑假学习退步的影响没有较低阶层的学生大。

　　◇ 暑假学习退步与学生的种族或性别无关。

3. 为什么暑假学习退步具有差异性？

　　◇ 受学生在暑假期间所接触到的活动范围的影响（例如，练习阅读比练习数学更容易）。

　　◇ 不同类型的知识随时间淡化的方式不同。"基于事实和过程的知识比概念性的知识更容易被遗忘。"

🔗 相关研究

大量证据表明，学生缺勤对教育成果有重大影响，因而暑假学习退步是确实存在的。教育部近期的研究发现，学生每缺勤一天，在"普通中等教育证书"考试中获得5个或更多个A★—C等成绩的机会就会更少。鉴于此，连续6周放假的成本如此之高也就不足为奇了。

有一项研究更深入地探究了哪些学生受到暑假学习退步的影响最大。它发现，社会经济背景处于弱势的学生受到的影响最大，这与本项研究的结论相符。与人们的直觉恰恰相反的是，有证据表明，具有卓越才能的学生也很可能受到严重影响。

自这项具有里程碑意义的研究发表之后，后续的研究一直集中在干预措施上，以帮助学生减少暑假期间的学习退步。暑期学校和亲子阅读项目就是两项积极的措施，对学生和家长都至关重要。

💡 对父母的启示

父母如何才能最好地帮助孩子减轻暑假学习退步的影响？这项研究的研究人员注意到，暑假学习退步对不同学科的影响不同，并指出"学科领域会影响暑假学习的退步程度可能是由于暑假期间，不同学科材料练习的机会不同（阅读练习比数学练习更容易进行）"。因此，研究人员建议，要为孩子设置具体的数学任务，以保持他们对这类学科的接触。

值得关注的是，这项研究发现，"实践和学习机会的差异也可能与收入的差异有关（中产阶级的学生有更多的使用图书和阅读的机会）"。当然，个体差异是存在的，我们不该一概而论，但探索免费或有资助的夏令营是值得一试的，可以帮助孩子减少暑假给整体学习带来的负面影响。

参考文献：Cooper, H., Nye, B., Charlton, K., Lindsay, J., & Greathouse, S. (1996). The effects of summer vacation on achievement test scores: A narrative and meta-analytic review. *Review of Educational Research*, 66(3), 227–268.

74 知道任务即将完成

研究概况

为了在考试中取得好成绩并在截止日期前完成作业，学生必须要努力学习。而一些学生却为此挣扎，因为他们看不到任务的尽头。那么，知道任务还剩多少时间有助于学生在过程中表现得更好吗？令人惊讶的是，之前这方面的研究并不多。

为弥补研究的不足，特拉维夫大学的研究人员最近进行了一项研究，在两次实验中，他们让学生完成一项新的复杂而枯燥的学习任务。研究人员把学生分成两组：一组学生可以得到任务的实时余量，另一组则不能。

主要研究结果

研究人员发现，与不知情的同学相比，如果学生知道还有多少任务要做，他们会：

1. 以更快的速度学习，因而能更快地取得更好的成绩。

2. 在完成任务的过程中，不会感到过于疲劳。

3. 在完成任务期间休息时间更短——研究人员认为这是因为"知道任务即将完成会提高动力"。这在任务即将结束时最为明显，不知道还剩多少时间的学生休息的时间是知情学生的两倍。

A PARENT'S GUIDE TO THE SCIENCE OF LEARNING

这项研究为之前关于学生如何努力完成任务，以及他们在完成任务时如何有效学习的研究提供了支持并增加了一个有趣的新维度。先前的研究发现，尽管设置截止日期能提高学生的成绩和效率，很多学生还是倾向于拖延（见本书第47项研究）。

这种拖延部分是由于学生低估了完成一项任务所需的时间（见本书第3项研究）。给学生提供反馈，告知任务还剩多长时间有助于解决这一问题。研究表明，一旦知道任务即将完成，人们往往会加快自己的行动。正如该研究的作者所指出的，"研究发现，消费者在免费咖啡兑换卡快要集齐盖章时，购买咖啡的速度会加快"，而且"跑步者在临近终点时也会跑得更快"。

在这项研究中，学生表现更好的另一个潜在的原因是，如果他们知道任务还剩多少时间，就会驱散不确定性的迷雾。这让学生更专注于手头的任务。其他研究发现，不确定性和压力之间联系紧密（见本书第51项研究）。看来，更新任务余量会使目标更清晰，从而增强学习动力、改善情绪。

对父母的启示

父母可以通过将任务分解成小任务，并提醒孩子任务还剩多长时间来简单、有效地应用这项研究的发现。作者指出，"通过为个人提供任务剩余量的信息这一简单的程序，可以抵消无聊，甚至是逃避的影响。在实际应用中（例如在学习和工作中），告诉孩子还有多少问题需要解决，或者告诉员工离换班结束还有多久，都能对其表现、情感和幸福感产生有益影响"。

参考文献：Katzir, M., Emanuel, A., & Liberman, N. (2020). Cognitive performance is enhanced if one knows when the task will end. *Cognition*, 197, 104189.

167

如何科学地帮助孩子学习

75 交错学习和辨别学习

研究概况

　　学生经常要学习发音相似却又截然不同的概念。例如，在生物课上，学生必须学习转录（transcription）、转导（transduction）、转化（transformation）和转译（translation）这四个拼写和含义相似的术语。学生经常为此而挣扎。能够区分发音相似的概念就是"辨别学习"。

　　已有研究发现"交错学习"能够增强学习和记忆；交错是在解决不同问题时，打乱学生学习主题的顺序，以帮助学生建立联系、选择最佳策略的过程（与之相反的是"板块学习"，即一次集中学习一个主题）。那么，交错学习能帮助学生更好地区分相似的概念吗？研究人员对现有文献进行了综述以探寻答案。

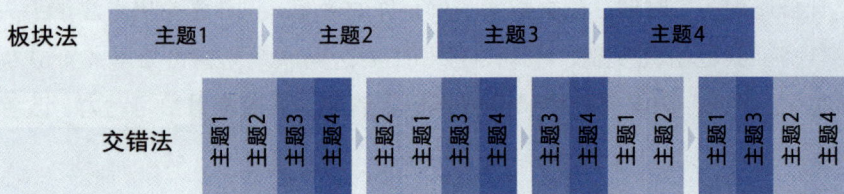

主要研究结果

　　研究发现，交错学习：

　　1. 能帮助学生提高辨别学习的能力。这是因为在板块学习中，"学生不需要找出一个合适的策略，因为作业中的每一个问题都可以用相同的策略来解决"。

　　2. 能帮助学生在期末考试中有更好的表现。

　　3. 在一系列学科中都能发挥作用——尤其是数学、艺术和体育。

　　4. 对从小学到大学这一年龄跨度的学生都是有益的。

研究表明，交错学习能有效帮助学生提升学习成果（见本书第1项研究）。本项研究突出了其内在机制。其他研究也证明了这一影响的长期性：特别是一项研究发现，当在学生学完材料一个月后进行突击测试时，运用交错学习的学生得分几乎是板块学习学生的两倍。

交错学习不仅在学习上有帮助，在其他领域也有其积极影响，如体育。例如，研究表明，当体育生学习三种不同类型的羽毛球发球时，按随机顺序练习发球的交错学习组的学生后来表现得比板块学习组的学生更好。

💡 对父母的启示

交错学习在很多方面都对学生有益，这意味着应该在教育中普及这一方法。但是，与任何令人兴奋的新概念一样，交错学习也可能被误解。也就是说，存在几个关于交错学习的误区。其中一个误区是"交错学习"等同于"间隔学习"（见本书第4项研究）。间隔学习与时间有关，认为多次学习同一材料比一次性学习更有效。而交错学习是打乱主题的顺序。这当然意味着交错学习有间隔学习的因素，但并不是所有的间隔学习都是交错学习。

交错学习的另一个误区是关于主题或话题的混合。交错学习之所以有效，是因为它有助于学生在相关概念之间建立联系，和/或帮助学生更专注于选择合适的策略。这意味着在不相关的科目之间运用交错学习可能帮助不大。

关于交错学习的最后一个误区是认为它能很快奏效。研究发现（见本书第13项研究），如果学生在学习材料的当天进行能力测试，那么板块学习的学生表现会好得多。然而，当在一周后对学生进行能力测试时，交错学习的学生表现会尤为突出。很多学生是在初次学习后的一个月、一年或两年再进行测试的，因此建议父母鼓励孩子在家时进行交错学习或复习。

参考文献：Rohrer, D. (2012). Interleaving helps students distinguish among similar concepts. *Educational Psychology Review*, 24(3), 355–367.

研究概况

你是否注意到流行歌手在演唱会上总是把最好的歌曲留到最后？这是因为他们想让你在结束时享受最美好的时光，这样你离场时就会觉得整场演唱会都很棒。这就是"峰终效应"（The Peak End Effect）的一个例子，比起整体体验，人们会记住并更加重视一次经历的结尾部分。

20世纪90年代初，心理学先驱丹尼尔·卡尼曼（Daniel Kahneman）和他的同事在一项有趣的研究中首次研究了这种心理习惯。研究人员让参与者经历了两次不愉快的体验。体验1，研究人员让每位参与者把手放在14℃的水中60秒。体验2，参与者再次将手放在14℃的水中60秒，紧接着放在15℃的水中30秒。在两次体验之后，参与者需在这两种体验中选择想要重复经历哪一种。他们会选择充满不愉快的60秒，还是在60秒非常不愉快的体验之后，再经历30秒稍微不适的体验？

主要研究结果

1. 69%的参与者选择再重复经历时间更长的体验。研究人员指出，"假设受试者想要尽量减少疼痛（时长），这一比例应该为零"。额外的测试表明，"选择结果并不取决于时间长的体验是先经历还是后经历的，也与参与者是否使用了惯用手无关"。

2. 在体验2中发现水温稍暖、不那么令人难受的参与者，更有可能重复这一长时间的实验。

3. 大多数受试者表示，时间较长的体验带来的整体不适较少，更容易应对，在最极端的时刻也不那么冷。但是，正如研究人员所反映的那样，"长时间体验包含了短时间体验的所有痛苦，（参与者）选择前者时进行的评价是错误的"。这意味着，参与者会选择重复记忆中最简单的实验，即便事实并非如此。这是因为他们过于重视体验中的最后30秒。

相关研究

这项开创性的研究帮助改变了心理学家（实际上还有经济学家和许多其他行业人士）看待人类行为的方式，因为它对我们如何来做决定有着深远的影响。在这种情况下，通过以巅峰状态结束——或者，严格来说，以没有那么糟糕的结尾结束——人们对事件的记忆会有所不同。这证实了人们对时间和经历都有主观的感知（见本书第22项研究）。其他研究发现的认知偏见还包括"锚定效应"（即最初的数字或信息片段在一个人的脑海中占据很大比重）和"框架效应"（即选项所呈现的方式是积极的还是消极的会带来影响）。

一项关于锚定效应的研究发现，给人们5秒钟来估算$1×2×3×4×5×6×7×8$的值，他们估算的值（平均估算值为512）比估算$8×7×6×5×4×3×2×1$的值（平均估算值为2250）要低得多。这是因为，在第二组计算中首位数字较大，因而牢牢地印在了参与者的脑海中。（正确答案其实比这些估算值中的任何一个数字都要大得多，为40320。）

在一项关于框架效应的研究中，研究人员要求参与者分别依据有90%的存活率，还是10%的死亡率来做出医疗决策。尽管这代表的概率相同，但结果却截然不同。同样，另一项针对学生的研究发现，93%的学生因为晚注册会被罚款而提前注册了一门课程，但如果告知学生提早注册会有折扣，则只有63%的学生会提前注册。

对父母的启示

这项研究可以为家长所用，因为它表明，对某件事最后的记忆将对整个经历的体验产生很大影响。这能帮助激励感到无聊的学生，应对学生可能分心的时刻（见本书第41项研究），提高学生不遗忘关键信息的可能性（见本书第55项研究）。就像流行歌手在结束一场演唱会时演唱最动听的歌曲一样，对于父母来说，确保孩子以积极的方式结束给定的活动可能是明智之举，因为这样一来，这种联系和感觉就会根植于他们的记忆中。

参考文献：Kahneman, D., Fredrickson, B. L., Schreiber, C. A., & Redelmeier, D. A. (1993). When more pain is preferred to less: Adding a better end. *Psychological Science*, 4(6), 401–405.

如何科学地帮助孩子学习

研究概况

这篇论文的研究人员开篇引用了诺贝尔奖获得者罗伯特·莱夫科维茨（Robert Lefkowitz）的名言，"99%的科学（实验）都是失败的，这还是一种乐观的说法"。那么，失败除了在某种程度上是不可避免的之外，也是必不可少的吗？

为了验证这一点，来自中国和美国大学的研究人员最近追踪了申请国家资助的青年科学家。他们比较了那些因微弱差距未能获得资助的人（即"毫厘之差"）和那些刚刚跨过所需门槛的人（即"侥幸成功"）。

主要研究结果

1. 在这些经历了"毫厘之差"的青年科学家中，有10%的人非常消极，这导致了他们不再申请研究资助。

2. 那些在职业生涯早期经历过"毫厘之差"的人，在接下来的10年里发表的研究论文数量与那些在职业生涯初期经历过"侥幸成功"的人相似。

3. 有趣的是，当我们观察那些在接下来五年里发表了一篇"热门"论文（"热门"的定义为引用量为前5%）的科学家时，发现"毫厘之差"的科学家比"侥幸成功"的科学家发表"热门"论文的可能性高出20%以上。

4. 研究人员还发现，这些经历过"毫厘之差"的科学家的研究成果更有可能被其他科学家引用，也更有可能被译为其他语言。研究人员表示，这些结果表明，"无法毁灭你的会让你更强大"这句箴言可能的确是正确的。

　　早期的失败对青年科学家可能会有帮助，这一重要发现非常有趣，因为另一项研究表明，如果学生听说某位科学家在职业生涯的某个阶段遭遇过失败，他们会感觉与这位科学家的联系更紧密了。之后，学生在科学考试中也会取得更高的分数（这对之前学习困难的学生影响最大）。造成这种情况的一个可能的机制是，人们意识到失败并不一定是致命的；这可能有助于唤起和激发一种成长型思维，已有研究证明，成长型思维有助于学生提高心理弹性、自尊和在任务中的享受度（见本书第5项研究）。

　　先前关于成功和失败的影响的研究已经取得了丰硕的成果。一些研究显示了马太效应（The Matthew Effect，即强者愈强）——早期的成功可以增强认知、信心、动力和资源，因而有助于激发未来的成功。然而，也有研究显示了失败的潜在益处，包括从失败中学习、提升动力、培养心理弹性和增加同情心。

💡 对父母的启示

　　研究人员发出了一个明确的警示——尽管早期失败可能对一个人未来成功的可能性产生巨大影响，"我们也不应该给青年科学家设置障碍，因为变得更强大的先决条件是不被扼杀"。从本质上说，失败是一把双刃剑——有帮助也有阻碍——所以，过多地人为制造失败是一种错误。

　　研究人员认为，研究结果应该被视为对那些遇到困难的人的一种安慰，因为"对于那些坚持不懈的人来说，早期失败不应被作为一个负面的信号——而是恰恰相反"，这与因发现诱导性多能干细胞（iPS cells）而获得诺贝尔奖的山中伸弥（Shinya Yamanaka）对青年科学家的建议一致，"我把任何失败都看作是一次机会"。

参考文献：Wang, Y., Jones, B. F., & Wang, D. (2019). Early-career setback and future career impact. *Nature Communications*, 10(1), 1–10.

若干建议

改善记忆的建议

如果你的孩子想要将学到的内容牢记于脑海中，你能做些什么呢？有证据表明，以下策略能为你带来最好的回报：

◇ **提取练习**——这可以是任何迫使孩子想出答案的活动。

◇ **间隔学习**——每次少学一点、经常学习比一次性学很多的学习效果要好。

◇ **交错学习**——让孩子在同一个科目内回答不同类型的问题。

◇ **精细探询**——让孩子问"为什么会这样"或"为什么对 X 是这样而对 Y 不是"。

◇ **双重编码**——图片与文字相结合。

◇ **避免听音乐**——鼓励孩子在学习新的或复杂的材料时不要听音乐，特别是那些有歌词的音乐。

◇ **避免仅仅划重点或单纯地重读笔记**——这些方法效果不太好，因为它们是自动完成的，不需要持续和深入的思考。

◇ **将所学内容教给他人**——这可以帮助孩子更深入地学习材料、组织知识。

改善思维、动机和心理弹性的建议

为了鼓励孩子形成学习型思维，促进高水平的努力和坚持：

◇ **帮助孩子相信自己可以提高和变得更好——**

可以通过关注以下方面来实现：

· 重视努力和学习方法，而不是看重天生的能力

· 过程和结果一样重要

· 把错误看作是反馈和学习的机会

◇ **树立目标意识——**帮助孩子将当前的活动与如何实现未来的目标联系起来。

◇ **解释失败——**鼓励孩子不要总是把失败的原因内在化，因为这会降低心理弹性。

◇ **解释成功——**促使孩子反思自己的成功。如果将成功归因于外部因素或运气，就会削弱孩子的动力和信心。

◇ **寻求支持——**鼓励孩子利用现有的支持。帮助孩子认识到寻求帮助是力量的标志，而不是软弱的标志。

◇ **控制可控因素——**提醒孩子关注什么是重要的，什么是自己能控制的。

◇ **挑战和支持——**环境必须同时具备培养心理弹性所需的挑战与支持。

◇ **坦然面对失败——**有利于孩子振作起来，提高学习动力、能力和适应力。

改善自我调节和元认知的建议

具有高度的自我意识与选择有用的思维过程和策略的能力是学习的基石。可以通过以下方式使其作用最大化：

◇ **充足的睡眠——**青少年比成年人需要更多的睡眠，最好是8—10小时。

◇ **控制自我谈话——**孩子如何自我谈话将影响其思维、情感和行为。

◇ **管好手机——**没有手机的孩子注意力更集中、学习效率更高。

◇ **提高自我反思**——鼓励孩子问自己：

　　·哪些资源可以帮助我学习？

　　·为什么这些资源是有用的？

　　·我将如何使用这些资源？

◇ **延迟满足**——有时为了长远的成功，在短期内吃点苦是更好的选择。

◇ **分心**——孩子在周一和周五更容易分心。根据这一点调整相应策略。

◇ **不要说"不要"**——孩子最好关注自己想要什么，而不是不想要什么。

◇ **并非所有的压力都是不好的**——压力通常是由不确定性造成的，但不是
所有的压力都是不好的。如果孩子专注于压力对自己的帮助，就会提高
成绩。

给学生的建议

　　行动胜于雄辩。如果不把良好的意愿转化为积极的行为，那就失去意义了。
以下是一些学生可以立即开始实施的简单策略，有助于更好地学习：

◇ **吃早餐**——这是提高情绪、记忆力和学习成绩最简单的方法之一。

◇ **在课堂上做笔记**——为了有效地做到这一点：

　　·用纸笔代替笔记本电脑

　　·不要逐字逐句地记录，要用自己的话来概括

　　·在每部分或主题末尾做笔记

◇ **要有远大的抱负和期望**——挑战自我。

◇ **慎重选择学习伙伴**——努力是会传染的。

◇ **睡觉前几个小时调暗手机的背景光**——这有助于学生更好地睡眠。

◇ **不要花太多时间幻想完美的未来**——这会分散你的注意力，导致拖延。
如果你想象未来的事情，要想象当下采取哪些行动将会带来真正的成功。

◇ **控制好看屏幕的时间**——沉迷于看屏幕将削弱你的思维，让你感觉更糟。

给父母的建议

父母都希望孩子得到最好的教育。以下几条为孩子的学习和发展提供了坚实的基础：

◇ **对孩子有很高的学业期望**——期望太低，孩子将难以发展。研究表明，这是父母帮助孩子提高学业成绩所能做的最重要的事情。

◇ **和孩子一起阅读**——从小就经常进行亲子阅读。

◇ **对失败和错误做出良好的反应**——花时间讨论失败和错误是一种学习。这样孩子将更有可能形成成长型思维。

◇ **不要过度赞扬**——过度赞扬传达了较低的期望，会导致孩子与他人相比时，形成自恋行为。

◇ **当你表扬时，关注孩子的过程和行为**——不要紧盯结果或天生的能力。

◇ **经常和孩子一起吃饭**——这为讨论孩子在学校的情况提供了宝贵的时间。

◇ **对孩子如何分配作业时间和闲暇时间有清晰的结构和规则**——花时间解释这些规则背后的思维过程也会有所帮助。

◇ **参与其中**——父母的参与可以对孩子的成绩、自我感知和师生关系带来积极影响。

◇ **关心孩子的睡眠情况**——充足的睡眠对发展青少年的心智非常重要。

关于思维偏差的建议

我们都没有自己想象中的那么有理性和逻辑性。事实上，有很多思维偏差阻碍了学习，以下建议可以避开这些陷阱：

◇ **完成一项任务的时间比你想象的要多**——所以要做好计划，尽早开始。

◇ **不要依赖天赋**——我们很难预测未来需要什么样的才能。因此，不要总是沉迷于眼前的诱惑，试着想象未来的不同情景。

◇ **更好的自我意识**——我们更有可能批评过去的自己，而不是现在的自己。这是一种短期的自我保护机制，会妨碍我们准确地评估自己的能力和想法。

◇ **使用客观数据**——我们的能力越低，预测当前水平的准确性就越低。事实和数据是克服这一局限的好办法。

◇ **不要受到聚光灯效应的迷惑**——人们对你的关注往往比你想象的要少得多。

◇ **不要偏爱你自己的想法**——我们更喜欢自己的想法而不是别人的想法，这使得接受批评或知道何时改变方法变得更加困难。

◇ **不要总是随波逐流**——这有时会导致人们做出错误的决定，或去做一些他们通常不会做的事情。

◇ **保持质疑**——不要相信关于大脑或学习方式的花哨解释。保持质疑，寻找证据。

◇ **知道任务还剩多长时间**——这可以提高学习动机、学习毅力和努力程度。

◇ **以积极的态度结束**——我们倾向于记住我们经历的最后一件事。

译后记

初冬时节的杭城层林尽染、色彩斑斓。我们终于将《如何科学地帮助孩子学习：每个父母都应知道的77项教育知识》译稿打磨再三、校对完成，心中如释重负又如获至珍。作为一名教育工作者和孩子的家长，我再次真切地从作者精心选编的研究成果和精简细致的文字表达之中，感受到他们对教育事业的热爱和对广大家长的关怀。

家庭是孩子的第一所学校，家长是孩子的第一任老师。如果说人生真的有"起跑线"，那么父母才是孩子成长真正的"起跑线"，家庭教育在孩子的成长过程中起着奠基作用。近年来，家庭教育越来越受到大家的重视。《中华人民共和国家庭教育促进法》于2022年1月1日正式实施，标志着我国的家庭教育已由"家事"上升为"国事"；党的二十大报告再次强调要"加强家庭家教家风建设"。那么，作为家长，我们到底应该如何科学地指导孩子的学习与成长？

《如何科学地帮助孩子学习：每个父母都应知道的77项教育知识》一书对这一问题做出了深入浅出的回答。本书是布拉德利·布什（Bradley Busch）和爱德华·沃森（Edward Watson）的联袂之作。布什是资深的心理学家，具有丰富的学校工作经验，对教育现象有着深刻而独到的见解。多年来，布什运用心理学研究成果帮助广大教师解决了教育中的若干难题，沃森是牛津大学和伦敦商学院的毕业生，具有过人的管理经验，两人强强联合，共同打造了这本专供家长使用的学习科学指南。

所谓"学习科学"，概括来讲，是研究"人是如何学习的？如何促进有效学习？"的领域。当前，国内外关于学习科学已有大量研究，但大部分研究成果都没能直接关照一个最重要的群体——家长。家长往往不确定"我需要去哪里寻找相关研究""我需要了解哪些具体的研究""我如何在生活中应用这些研究成果"等问题。对此，布什和沃森在书中从"什么是学习科学、如何理解学习科学、如何实践学习科学"三个方面进行了回应。他们从世界范围内数十个国家的学术研究中，选编了最重要、最具影响力的77项研究成果，并将其转化为易于理解的便览，涵盖了记忆、动机、元认知、行为、偏见和养育等多个领域，每项研究又分解为"研究概况、主要研究结果、相关研究、对父母的启示"四个部分，帮助家长揭开了学习科学研究的神秘面纱。书中一段段言简意赅的文字将学习的科学与育儿的艺术相结合，将科研成果与家庭教育相链接，有助于促进家长切实履行好家庭教育职责，提升家庭教育的科学性和有效性。

本书代表了当前对学习科学研究的理解，它不仅教会家长在教育孩子的过程中，如何思考问题、表达情感和付诸行动，而且在一定程度上弥补了学术研究和家庭教育之间一直以来存在的巨大鸿沟，将学术研究有效转化为指导家庭教育实践的指南，也为我们提供了诸多启示。对教育研究者而言，要做好科研的引领者与实践的关怀者。要积极响应习近平总书记提出的"把论文写在祖国的大地上"，扎根真实的育人情境，强化研究的现实关怀，将抽象的、理论化的科学研究成果，转化为可理解的通俗表达和可操作的实践指南，实现理论与实践的深度融通，从而发挥理论的实践效益，也帮助实践者走出观念和行动的误区，让育人实践更加有效。例如，本书中对"学习风格""交错学习"等误区进行了澄清，揭示了一些当前广为人知但又缺乏充分证据的育人观念。对家长而言，要做好主动的学习者和学校教育的合作者。家长首先要明确，关注和重视孩子的学习是必须履行的家庭教育职责。在孩子成长过程中，不能功利化、短视化地"窄化"学习，不能把学习简单等同于学生上课、做作业，要知晓高质量高效率的学习，离不开孩子的兴趣、动机、良好的学习状态、孩子的全面发展与个性发挥等。同时，家长要积极主动加强自身学习，提升家庭教育素养，以科学有效的育儿方法，奏好家校协同的"交响乐"。

诚然，一本书无法提供确切的答案，但它能够提供一种视角与指导。如果将书中的每一项研究都视为"一根线"，那么，当我们在阅读和实践的过程中，将这些"线"有序交织在一起，就变成了一条色彩斑斓的"织锦"，这就是"学习的科学"。

本书的翻译和校对由滕梅芳、盛聪和袁博共同完成。译稿得以顺利出版，离不开中国青年出版社的大力支持，特别是肖佳、步欣旻编辑为此付出了辛勤的劳动，更离不开我的导师，浙江大学盛群力教授专业的引领、指导及对全文内容的审订，谨致谢忱。由于水平有限，本书翻译中还存在一些错误和不当之处，请各位专家和读者批评指正！

如何科学地帮助孩子学习

滕梅芳

二〇二二年十一月

于杭州西子湖畔